LGBT
なんでも聞いてみよう

中・高生が知りたい
ホントのところ

QWRC & 徳永桂子

子どもの未来社

はじめに

　中学生になると、同年代の人との関係がいままでより大切になり、周りと「同じ」であることが重要に思えて、「ちがい」に不安を感じることが増えてきます。
　たとえば、おとなに向かってこころや身体が変わっていき、異性に、家族や友だちへの「好き」とはちがう、恋愛(れんあい)の「好き」を感じはじめる人が増えてきます。でもいっぽうで、恋愛(れんあい)の「好き」を感じはじめない人もいれば、同性に「好き」を感じはじめる人もいます。また、生活の中で、「男らしさ」「女らしさ」を求められることが増え、それを受け入れられる人がいるいっぽうで、受け入れられない人もいます。
　この恋愛(れんあい)や性別にかかわる「同じ」「ちがい」は、仲間との関係や、自分の存在、生きる意味、自分とは何者なのかという「アイデンティティ」につながっていく大切な要素です。
　一人ひとり顔がちがうように、「性のあり方（セクシュアリティ）」もちがいます。
　この本は、「性の多様性」を中心において、中・高生から実際に出た質問に答える形で、みなさんといっしょに具体的に「性」について考えていけたらよいなと思って、8人のメンバーで作りました。

この本をつくった8人を紹介します

みんな、中学生のときどうだった？

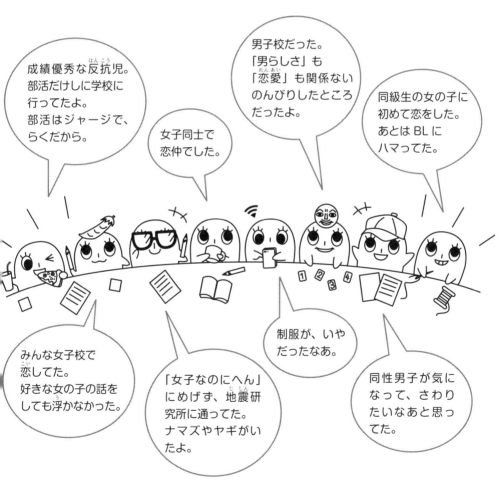

成績優秀な反抗児。部活だけしに学校に行ってたよ。部活はジャージで、らくだから。

女子同士で恋仲でした。

男子校だった。「男らしさ」も「恋愛」も関係ないのんびりしたところだったよ。

同級生の女の子に初めて恋をした。あとはBLにハマってた。

みんな女子校で恋してた。好きな女の子の話をしても浮かなかった。

「女子なのにへん」にめげず、地震研究所に通ってた。ナマズやヤギがいたよ。

制服が、いやだったなあ。

同性男子が気になって、さわりたいなあと思ってた。

もくじ

はじめに　2

第1章　「ふつう」って、なに？？

Q　「ふつう」って？　8
Q　「勝ち組」は幸せ？　10
Q　自分のこと、なんてよぶ？　12
Q　人とくらべて不安……　13
Q　ひとりになりたい　14
Q　男子はしっかり？　女子は女らしく？　16
Q　恋愛に興味がないんだけど……　18
Q　中学に入ったら男女は別？　20
Q　性ってなに？　21
◆　セクシュアリティを知ろう　23
◆　女子でも男子でも「身体の性」はさまざま　26

第2章　これってLGBT？

Q　女子で男子向けのものが好き　30
Q　男子で男の人がカッコイイと思うんだけど　32
Q　部活が男女別で困った　33
Q　女の子に見られたくない！　34
Q　「ぼく」も「オレ」も使いたくない　36
Q　「オネエ」ってゲイ？　37
Q　「オカマ」ってよぶのは失礼？　38
Q　「ホモねた」を不快に思った　40
Q　同性も異性も好き　41
Q　同性カップルって男役・女役があるの？　42
Q　レズビアン＝宝塚の男役？　43
Q　ゲイの人が近くにいたらこわいんだけど……　44

Q アメリカではふつー？　45

Q BL（ボーイズラブ）が好き　46

Q それはそれでいいと思う　47

◆ ＬＧＢＴについて　48

第3章　恋愛あれこれ

Q 同性の先輩にドキドキ　56

Q 同性に告られたら……　57

Q もしかして同性愛？　58

Q しっと・束縛どうしたらいい？　60

Q 同性愛って思春期の一時的なまよい？　61

Q うわさが広まった！　62

Q 想いが通じるはずがない……　63

Q 安心な出会い方　64

Q 恋人が性別を変えたいと言いだした　65

Q 異性愛って恵まれている　66

Q 自分のものにしたい気持ち　68

Q バイセクシュアルって、得？　69

Q 性感染症が不安　70

◆ デートDVチェックリスト　72

◆ 性感染症について　73

第4章　将来のこと

Q 異性になった友だちとのつきあい方　78

Q トランスジェンダーの人の仕事　79

Q 将来がイメージできない……　80

Q 仕事につくときに不利にならない？　82

Q 学校の内科検診　83

Q 性別を変えて学校に行く　84

Q トランスジェンダーの人が病気で困ること　86

Q バイセクシュアルの人の結婚　87

Q 同性愛者は家族をもてないの？　88

Q 子どもはほしくないんですか？　90

Q 同性からの性被害　92

Q 性別って変えられる？　93

◆ 医療で身体を変える　95

◆ 法律上の性別を変える　98

第5章　カミングアウト

Q カミングアウトは必要？　102

Q カミングアウトの時期　103

Q カミングアウトできないのは弱い？　104

Q カミングアウトを受け入れない親　105

Q カミングアウトされたら……　107

◆ カミングアウトとアウティング　109

◆ チェックリスト　相談する人をさがそう！　112

◆ カミングアウトしようと思ったとき　113

◆ 先生へのお願い　生徒からカミングアウトを受けた場合　117

◆ 家族へのお願い　子ども等からカミングアウトを受けた場合　119

◆ 相談機関・コミュニティスペース・
役にたつサイト・子どもを支援するおとなのためのリソース　121

※もくじのＱの内容は省略してあります。

第1章

「ふつう」って、なに？？

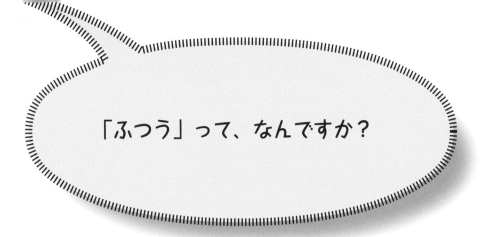

「ふつう」って、なんですか？

　さあ、なんでしょうね。
　あなたは、「ふつう」という言葉をきいて、きゅうくつな感じがしたり、なんだかいやな感じがしたのかな？
　友だちグループでも、家でも、学校でも、社会でも、「ふつう」でいれば波風が立たなくて安心、と多くの人が思っているかもしれませんね。「常識」とか、「みんなと同じ」ほうが、楽で、正解で、いいことなんだとね。
　でも、いつでも、常識の範囲で行動したり、みんなと同じでいる、ことが可能かどうかは、わかりません。
　私は、「ふつう」という言葉をあまり使わないようにしています。なぜって、「みんなとちがってるよ」「みんなにあわせたほうがいいよ」「あなた、ずれているよ」っていうことを、それとなく伝えるために、「ふつう」という言葉が使われることが多いから。もともと人はそれぞれちがうものだから、そのちがいを認めていくことが大切と思っているんです。
　いろんな場面で、自分ではそんなつもりはなくても、少数派に属することもあります。
　それから、江戸時代の男の人なら、チョンマゲを結うのが「ふつう」。明治時代の女の人なら、お父さんが決めた人と結婚するのが「ふつう」。

そんなふうに、いまの時代の「ふつう」だって、未来の人から見たら「ふつう」に思えないかもしれない。なにが「ふつう」かなんて、ずっと決まっているものではないんです。

　だから、「ふつうでいる」イコール「いいこと」というのには、もともと無理があるってことを頭に入れておくとよいと思います。「それ、ふつうじゃないよ」って言われても、「ふつうじゃなくても、悪いことじゃないんだから」と思っていたほうが、気が楽でしょう。

　あなたが、「ふつう」にあわせていたら自分は幸せになれないって感じたら、少し勇気をだして、自分らしく、自分の感覚を大切にしちゃいましょう！

　ひとりでがんばらなくても、手伝ってくれる人もいるからね。

なぜ人と競争しなくちゃいけないんですか？
親は「勝ち組」になれば幸せっていうけど、
ほんとうなのかな。

　「勝ち組」って、人よりいい大学に入ったり、いい会社に入ったり、お金をいっぱい稼いだり、社会的な地位を得たりして、成功するってことをさしているんですよね？　親があなたの将来を心配して、がんばってほしいと願うこと自体は、悪いことではないと思います。

　でも、それがなぜ人と競争して「勝つ」ということになるのかは、この社会全体が「競争社会」になっていて、強い者が勝ち抜き、それがよいこと、弱い者は負けていき、それは悪いこと、という考え方が根底にあるからでしょう。

　でもね、生物学的に見ると、人はひとりでは生きていけない動物だから、生まれたときから、人と助け合う仕組みが備わっているんですよ。困っている人を見ると、たいへんそうだなと共感して、助けたくなる。すると、助けられた側も助けた側にも両方に、脳から幸せを感じる物質が出てくるんです。そうやって、人類は生きのびてきました。

　だから、あなたが疑問に思ったように、「勝ち組」になれば幸せになれるかっていうと、そうとはかぎらないでしょう。

　もちろん、なにかに挑戦したり、なにかをなしとげようと思って努力することは自分を成長させるし、すてきなことです。

　とくに、仲間といっしょになにかをなしとげると、たがいをみとめ合って、幸せを感じる物質がたくさん出ることがわかっています。で

10

も、そういうときって、たとえ負けても、幸せを感じませんか？
　お金がたくさんあって、ぜいたくのかぎりをつくしても、幸せかどうかはその人にしかわかりません。

　人と競争して勝ちすすんでいく、そういう生き方をあなたがしたいかどうかは、自分で考えていくしかありません。すぐに結論はでなくても、それは、自分にとって幸せとはなにか、を考えていくことでもあります。
　いい会社に入ることにはこだわらないで、自分にあう仕事を気持ちよくできる場所を、仲間とつくっていく人もいます。世の中が決めた「勝ち組」に入ることが、イコール自分の幸せとはかぎらないってことです。
　あなたががんばりやさんタイプなら、がんばった後は十分に休むことが、こころと身体の健康のために必要だということも伝えておきましょう。そして、結果はどうあれ、努力した自分をみとめて、「よくやった」とほめましょう。自分で自分を大切にし、育てていくのって、とても大切なことだと思います。

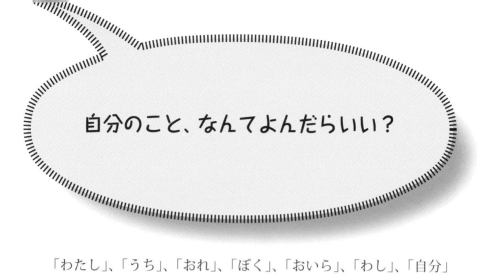

自分のこと、なんてよんだらいい？

　「わたし」、「うち」、「おれ」、「ぼく」、「おいら」、「わし」、「自分」……、いろいろなよび方があるよね。
　あなたは今までなんてよんでいたの？
　それがしっくりこなくなったのかな？
　だれがなんと言おうと、自分の気に入ったよび方でオッケー！
　でも、そのよび方をからかわれて、いやな気分になってしまうときには、それは頭の中だけにしておいて、実際にはよび方を変えて、使い分けている人もいます。

　小学生の男子で、「わたし」ってよび方をしている子が、先生から「おとなっぽくてステキだね」と褒（ほ）められていました。
　自分をどうよぶかは、性別だけじゃなくて、キャラクター設定とか、その場のふんいきとか、いろいろ関係してくるから、柔軟（じゅうなん）に考えて、ひとつにしぼらなくてもいいかもしれないね。
　でも、自分をどうよぶかは、自分のアイデンティティにかかわるので、まようのもわかります。よび方を変えながらさぐっていけば、自分を見つけることにもつながると思います。
　急がないで、ゆっくりさがしていってください。

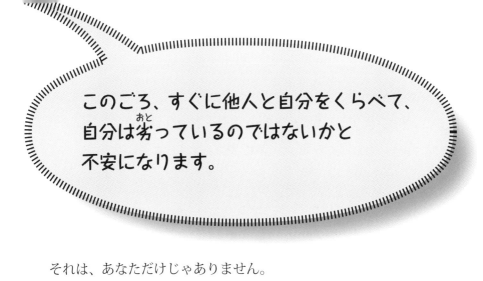

　それは、あなただけじゃありません。
　思春期に入ると、おとなを見る目がきびしくなるけれど、同時に、自分を見る目もきびしくなります。
　そして、親から離れようとする分、友だちとの関係が近くなるので、友だちのことが前より気になります。だから、ちがいも気になってきます。
　小さいころは「全能感」といって、自分はなんでもできる、なんにでもなれる、と思っています。これは子どもが成長するのに必要な感覚なんです。
　でも、思春期になると、自分や周りが見えてきて、なんでもできるわけではないとわかってきます。これは現実を受け入れるということで、こころがおとなに近づいた証です。
　そのとき自分に対する見方がきびしすぎると、なにかと友だちとくらべて、自分は劣っているのではないかと、あなたのように不安になってしまうのです。
　そういう不安な気持ちは、ぜひ、だれかに聴いてもらいましょう。信頼できるおとなでも、ちょっと上の先輩でもいいでしょう。
　そして、人とくらべるよりも、自分のよいところに目を向けていってくださいね。

みんなでいるのは楽しいけれど、ひとりに
なりたいなって思うときがあります。
でもひとりでいると、「ぼっち」と言われる
ので、がまんしています。
ひとりになりたいって思うのはへんですか？

　ちっともへんじゃありません。だれでも、だれかといっしょにいた
いと思うときと、ひとりでいたいと思うときがあります。
　どちらかというと、あなたは、ひとりでいたい時間のほうが長い人っ
てことになるかな？　両方の時間配分は、人によって、状況によって、
ちがってきます。
　「ひとりでいることはよくない」って、気にする人もいますね。
　でも、みんなといるのは楽しくても、ずっといっしょにいて話題を
合わせたり、気をつかったりしていれば、やっぱりつかれます。
　ひとりになれる時間と場所があるのは、こころの健康のためにはと
ても大切なことなんです。ひとりになって、自分の感じていることを
十分に味わったり、自分の好きなことを思いきり楽しんだり、だれに
もせかされずにゆっくり考えたりするのは、自分に向き合って、自分
を深められる時間です。あなたがあなたらしくいられて、自分で自分
を大切にできる時間でもあります。
　ひとりでいる時間をうまくつくれるように、生活の中でくふうして
みるといいですね。

ほかにも、「ひとりでいるのがすてき」という内容の詩や本を話題にしてみたり、作文に書いてみたりするのもいいんじゃない？
　伝記や評伝を読むと、ひとりの時間を大切にして生きた人たちがたくさんいるのがわかりますよ。
　詩人の谷川俊太郎(しゅんたろう)さんの『すてきなひとりぼっち』(童話屋)は、銀河を表紙にあしらったすてきな詩集。
　「ぼっち」をきわめたい人は、朝井麻由美(まゆみ)さんの『「ぼっち」の歩(すす)き方』(PHP研究所)という本もお勧(すす)めです！　朝井さんは、ひとりでスイカ割りをしたり、バーベキューをしたり、ペアの指輪まで作っているおもしろい方です。「ぼっち」なら人目を気にせず、思うぞんぶんスイカをたたいたり、好きな肉を焼きつづけることができるそうですよ。

今度は花火大会をやってみようか……

ひとりの時間、とっても大切。だからって「ぼっち」って、勝手に言われるのには腹たつ

中学生になったら、「男子は、将来家族を養うんだからしっかりしろ」、「女子は、母性を大切に、女らしく」って言われるようになったんだけど、なぜですか？

　中学生になると、社会参加や社会的自律・自立（仕事をする、地域の一員として活動する、新たな家族を作るなど）を考えての教育も増えるので、周囲のおとなもそういう言い方をするようになるのでしょうね。

　でも、「女は家で子育て」、「男は外で仕事」という、枠にはめるような考えは疑問ですよね。そもそも「女らしさ」、「男らしさ」は、これまでの歴史や文化の中で、社会的に作られてきたものです。だから時代や国によってちがいがあります。

　それに、外に出て働くことが好きな女の人もいれば、仕事より子育てをしたい男の人もいるはずです。おとなから、「〜するべき」という考えを押しつけられて、おかしいなと思ったり、疑問をもったときには、その思いを大切にしてください。

　あなたがあなたらしく生きるためには、どうありたいか、どうしたいかは、これから時間をかけて、自分で考えて決めてよいのです。

　現実では、「女性が家庭にいて、男性だけが働いている」カップルはかなり少なくなっていて、とくに子育てをしている家庭は、両親とも働いているほうが多くなっています。それは教育費が高いという理由もあるでしょう。でも、子育ては男性もいっしょにすることが大切って、家庭科で習いませんでしたか？

　そもそも、カップルって男女だけ（異性愛だけ）ではないのだから、

「女は○○、男は○○」なんてあてはまりません。それに、子どもがほしい人も、ほしくない人もいます。ほんとうに、人それぞれ、さまざまなんです。

　どういう生き方をしたいかは、一人ひとりが考えて決めてよいのであって、だれにも押しつけることはできません。あなたが疑問に思ったことを、同じように思っている人は、きっといます。少しずつ、周りの人と話していくと、仲間が増えると思います。

恋愛に興味がないのだけど、
おかしいですか？
恋バナにも、もりあがれません。
将来、だいじょうぶでしょうか？

　これは「おかしい」とか「だいじょうぶ」という問題ではありません。
人とくらべたり、同じでなくては、と思う必要がないことだからです。
　このごろ、恋愛が一つのブームになっていて、「恋をしていないと
だめ」と感じる人がいるみたいだけど、それこそおかしいです。
　恋愛というのは、こころや身体の性的な発達と関係があるので、人
によって、早い遅いがあります。あなたは、まだ、恋愛をする段階に
きていないのかもしれないし、その段階になっていても、ときめく相
手と出会っていないのかもしれません。それとも、恋愛よりも、ほか
のことに興味が向いているのかな？
　いずれにせよ、あせることはないのです。どんな人がいるか周りを
見まわして、どんな人に目がいくか、どんな人の行動にこころを動か
されるか、どんな言葉がこころにとどくか、どんな人を尊敬できるか、
ゆっくり人との関係性を感じてください。
　そして、好きになる人は異性とはかぎらないので、だれかにときめ
く気持ちがあれば、率直に見つめてみましょう。
　実際に、同性が好きな人もいれば、同性も異性も好きになる人も
います。恋愛に興味がない人（アセクシュアル・50ページを見てね）
もいます。
　そしてだれもが、さまざまな人とのかかわりの中で、楽しく豊かに

18

暮らしていくことができるのです。
　好きな人がいるのってステキなことですが、好きという気持ちにはいろいろあります。「つきあう」とか「彼氏や彼女になる」だけじゃない好きだってあるはず。「恋人がバイオリン」とか、「恋人は天体望遠鏡」っていう人もいて、夢中になるものも、その時どき、人それぞれです。
　あなたが好きになれるものや人が、この世界にはたくさんあると思うと、楽しくなりませんか？
　自分の好きを楽しんでください。周りとくらべることはありません。

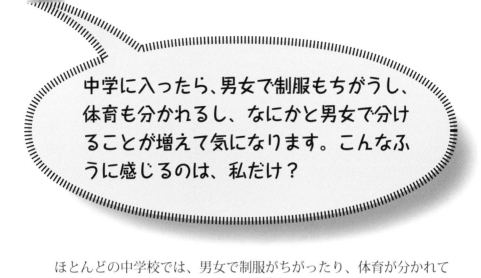

　ほとんどの中学校では、男女で制服がちがったり、体育が分かれていますね。それは思春期に入って、分泌されるホルモンの種類や量のちがいで、男女差が身体の変化としてあらわれるのと関係しています。

　でも、実際は中学生になったからといって、すぐにそれほど男女のちがいが出るわけではありません。あなたが感じるように、男女のちがいをあらゆることに当てはめるのはおかしいですよね。

　たとえば、筋力の平均は男子のほうが上でも、平均値の男子よりも筋力の強い女子はいます。男女差よりも、個人差のほうがずっと大きいです。

　このごろでは、男女いっしょに体育をやったり、女子の制服もズボンかスカートかを選べたり、体操服の形や色の区別をやめる中学校も増えてきました。

　そして、あなたのように、疑問をもったり、男女の区別が増えることでつらい思いをしている人はたくさんいます。

　もしできれば、あなたの疑問を声に出してみてください。

　案外、おとなは慣れてしまっていて、気がつきにくいのです。同じように思っている人がいれば、意見交換して、みんなで考えていけば、その状況を変えていくことができるかもしれません。

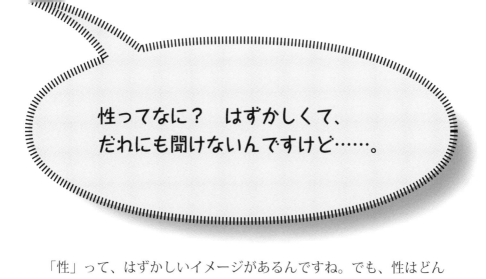

　「性」って、はずかしいイメージがあるんですね。でも、性はどんな人生を送るかに深くかかわることなんです。たとえば、どんな服を着たいか、どんな人と恋愛をするか、どんなふうに暮らすかとかね。
　そんな人生全部にかかわるような広い性を、「セクシュアリティ」と言います。そして、この本では、セクシュアリティを4つの要素から考えていこうと思います。それは、「こころの性」、「身体の性」、「社会の性」、「好きになる性」です。
　「こころの性」というのは、自分が感じる性のことで、性自認ともいいます。たとえば身体の性は女子であっても、自分は男子ではないかと感じたりすることがあります。成長するにしたがって、それが変化していくこともあります。
　「身体の性」というのは、性に関する身体の構造のことです。女性にも男性にも生まれつきのさまざまな構造があり、成長によって出る変化もさまざまです。
　「社会の性」というのは、その社会で多くの人が「女らしい」「男らしい」と考えているふるまいや見かけのことです。あなたが、どんな服を着るか、ふるまいをするか、考え方をするかは、社会や周りのおとなから要求されたものに、無意識のうちに従っています。これに違和感をもったり、反発したりすることもあります。

「好きになる性」は、だれに恋愛感情をもつかです。女子が女子を好きになることもあれば、男子が男子を好きになることもあります。女子、男子の両方を好きになることもあります。

　こうした４つの要素で織りなされるセクシュアリティには、とてもいろんな形があり、一人ひとりちがって、多様です。

　そして、セクシュアリティが、あなたの中でどんなふうに織りなされているのか、あなたがどんなセクシュアリティで、どんな生き方をしていくかは、これからも変化しつづけていくでしょう。

　自分を素直に見つめ、感じ、自分を大切に、そして自由に生きていくために、自分のセクシュアリティについて知ることは、大切なことです。けっしてはずかしいことではありません。もっともっと性について、セクシュアリティについて話し合う機会や、学ぶ場所があればよいと思います。

　セクシュアリティについては、次のページからの解説も見てくださいね。

◆セクシュアリティを知ろう◆

　セクシュアリティは、私たちの人生に深くかかわる多様な性のあり方を指しています。ここでは、セクシュアリティを4つの要素にわけて解説していきます。

●こころの性
　「こころの性」は、「自分をどの性別と感じるか・どの性別と思うか」です。自分は女です・男ですというように、比較的はっきりしたこころの性をもつ人もいますが、いっぽう、自分でもよくわからなかったり、あいまいであったりするこころの性や、その時どきで変わるようなこころの性をもつ人もいます。
　また、こころの性には、いろんなことがかかわっています。身体の性の影響もあれば、社会の性に影響されることもあります。
　家族・友人、いろんな人と出会っていくなかで、自分の性別がわからなくなったり、新しくこころの性がわかってくることもあります。

●身体の性
　「身体の性」とは、性に関する身体の構造のことです。一般的には、女性は染色体がXXで、卵巣、子宮、膣、クリトリスがあります。また一般的には、男性は染色体がXYで、精巣、ペニスがあります。
　しかし、女性の身体の構造にも、男性の身体の構造にも、さまざまな状態があります（26〜27ページも見てね）。
　毛の生え方や、声変わりの程度は人によって大きくちがいます。月経と射精を経験しはじめる時期にも幅があります。また私たちの身体全体を見ても、女性と男性との間で共通する器官や部分がとても多いですね。

●社会の性 （ジェンダー）
　「社会の性」とは、その社会で多くの人が「女らしい」「男らしい」と
考えている「ふるまいや見かけ」のことです。
　社会の中にはまだ、「女子はスカート・男子はズボンをはくのがよい」
という考え方や、「女性は子育てやお年よりの介護、男性は力仕事やリー
ダーシップをとる仕事が向いている」といった考え方が存在しています。
そして社会の中で暮らすうちに多くの人が、そうした考え方を知らない
あいだに身につけてしまいます。
　そうした「社会の性」に合わせてふるまわないと、へんに目立ってしまっ
たり、いじめられることもあります。また、そうした「社会の性」に異
和感や反発を感じたりする人もいます。
　でも「社会の性」は、時代や場所によってちがいますし、変化もします。
たとえば、スコットランドの民族衣装のキルトはスカートですが、男性
がはきます。また現在の日本では、保育士の男性や管理職につく女性も
少しずつ増えています。

●好きになる性
　「好きになる性」とは、「性的にだれが好きか」です。
　思春期になると、友だちや家族に対する親しい気持ちとは少しちがっ
た「好き」という感情が出てくる人が多いです。そして「好き」になる
相手は、異性だけではなく、同性であったり、異性・同性両方であった
りします。また、時間がたつにつれて「好き」になる相手の性別が男子
から女子へ、女子から男子へと変わることもあります。また「好き」と
いう気持ちを感じなかったりする人もいます。
　そして、「好き」のかたちもさまざまです。相手と抱き合いたいと思う
ようなエロスの「好き」を感じる人もいれば、ただいっしょにいたいと
思うようなロマンチックな「好き」を大切にする人もいます。

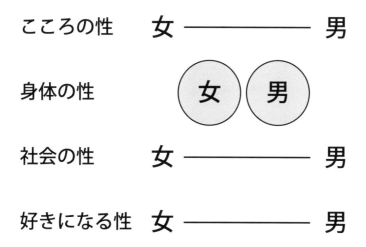

　セクシュアリティは、こうした４つの要素によって織りなされていきます。セクシュアリティは多様であって、どれが「ふつう」とか、こうでなければいけないという問題ではありません。あなたにはあなたのセクシュアリティがあり、人にはそれぞれその人のセクシュアリティがあります。たがいに尊重していきましょう。

◆女子でも男子でも「身体の性」はさまざま◆

ネクス DSD ジャパン

　自分の周りの人たちを思いうかべてみましょう。
　さまざまな人たちがいます。まったく同じ顔の人っている？　身長も体重もさまざま、顔だってさまざまですよね。そしてじつは、女子でも男子でも「身体の性」はさまざまなんです。
　みんなが学校で習う「男子・女子の身体の性の仕組み」っていうのは、ごく基本的なものでしかありません。いっきょにぜんぶ勉強したら、頭がパンクしちゃうから、ここでは図を見ながら少しだけくわしく話します。

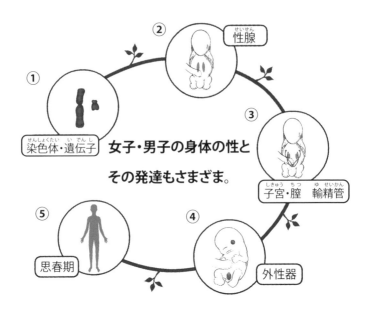

① 女子・男子の身体の性の発達は、お母さんのおなかの中にいるときに始まります。精子が卵子に入りこんで受精することは習ったかな？　そこでまず、X・Y染色体の数が決まります。みんなは「女子はXX、男子はXY」と習っているかもしれませんね。でも実際には、女子・男子のX・Y染色体にはいろいろなパターンあるし、女子・男子の身体は染色体だけで決まるものじゃないんです。

さすがに染色体なんて時代遅れで、今はもう遺伝子の時代ですしね。染色体はたくさんの遺伝子の束で作られていて、生物の体の構造を作る情報は、染色体ではなく、遺伝子のほうに書かれているのです。

② ③ もともと人間の身体は、男女とも共通。どちらかというと女性が基本形で、その同じところから内性器ができます。

性腺は卵巣・精巣に、その後、子宮・膣、あるいは輸精管ができます。女子なら卵巣に子宮・膣、男子なら精巣・輸精管があるって習ったと思うけど、これも「ほとんどの女子・男子の身体はそうだけど、そうじゃない女子・男子の身体もある」っていうのが正解。

④ 外性器の形や大きさはもちろん、尿道の長さや出口もちがう場合もあります。女子・男子で決まった形・サイズなんてありません。いろいろな顔の人がいるように、外性器もいろいろなんです。

⑤ そして思春期になると多くの人に二次性徴がおとずれますが、おとずれないこともあります。

多くの人とちがっている場合、「そういうことを気にしないよ」って人もいるけど、やっぱり悲しむ人が多いです。子宮がなかったり、性腺のちがいで自分の赤ちゃんが産めないということもありますし、周りとのちがいがつらく感じる状況もあります。それは多分、「こういう形が 100%の女子・男子の身体。そこからはずれたら女子じゃない、男子じゃない」なんていう決めつけや思いこみがあるからでしょう。実際には、子どもの授かり方も、むかしから養子縁組などいろいろなんですけどね。
みんなもう一度周りの人を思いうかべてみましょう。
100%の女子の身体の人・100%の男子の身体の人っているのでしょうか？　どんな身体の女子・男子であっても、みんなそれぞれが、それぞれにおいて 100%なのです。

さまざまな身体の性をもつ子どもと家族のための情報サイト
ネクス DSD ジャパン http://www.nexdsd.com/　（「ネクス DSD」で検索）

第2章

これってLGBT？

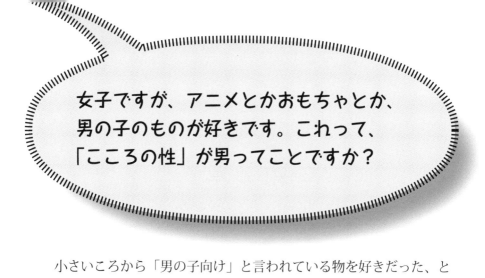

女子ですが、アニメとかおもちゃとか、男の子のものが好きです。これって、「こころの性」が男ってことですか？

　小さいころから「男の子向け」と言われている物を好きだった、という女子はけっこういます。そのなかには、生まれたときに決められた性別に、違和感のある人も、ない人もいます。
　あなたは、もしかしたら「こころの性」が男かもしれません。もしかしたらトランスジェンダー（51ページを見てね）かもしれません。
　でも、急いで決める必要はありません。この本をゆっくり読んでから考えてみてください。

　「好き」という気持ちは、自分自身の中から自然にわいてくるものなので、その気持ちを育んでいくことは、自分を大事にすることにつながります。
　だから、周りが言うからとか、こういう人が多いからではなく、自分がそれを好きだと感じたなら、まずは、その気持ちをしっかり受け止めてください。
　でも、男の子向けとされているアニメやおもちゃを、男の子全員が好きなわけではありませんよね。周りが見ているから、合わせて好きなフリをしていたり、好きにならないといけないと思っている男の子もいるかもしれません。
　私は、女の子も男の子もいっしょになって、自分の好きなアニメや

　好きなおもちゃの話ができるといいなと思っています。
　それでも、あなたのような人は全体から見れば、少数派でしょう。だからおかしいというのではけっしてありませんが、少数派というだけで元気がうばわれることも多いので、ありのままのあなたを理解してくれる友だちや仲間を見つけておくといいですね。
　「女子はやさしく」「男子は強くあるべき」などと、社会でつくられている「女らしさ」や「男らしさ」の枠組みに、違和感のある人も多いのです。
　これから、「こころの性」と「身体の性」について見つめていくなかで、違和感が大きくなっていくようなら、信頼できる人に相談してみてください（112ページを見てね）。

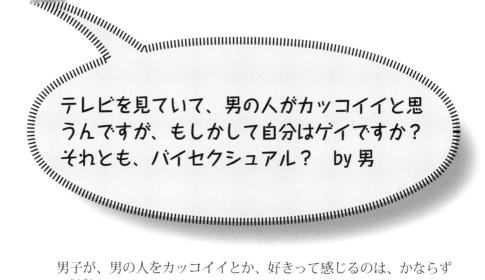

テレビを見ていて、男の人がカッコイイと思うんですが、もしかして自分はゲイですか？ それとも、バイセクシュアル？ by 男

　男子が、男の人をカッコイイとか、好きって感じるのは、かならずしも恋愛だけじゃないですよね。
　「あんなふうになりたいな」と、自分の将来のモデルとしてあこがれることもあるし、仲間意識で好きってこともあります。
　だれでも、カッコイイと思う人を見つけると、ワクワクした気持ちになります。男子だから、男にワクワクしたらおかしいとか、こうあるべきという枠組みをはずして、いろんなワクワク・ドキドキを感じてみてください。そのなかで、自分の気持ちがもっとわかってくるでしょう。
　自分の気持ちを素直に見つめていってください。
　そういう経験を積みあげていくなかで、自分のことがもっと理解できるようになっていくと思います。
　あなたがゲイ（＝男性で同性愛の人・49ページ）か、バイセクシュアル（＝両性愛の人・50ページ）か、あせって決める必要はありません。

スポーツをしたいんですが、運動部はほとんど男女別なので入りづらいです。もし入部しても着替えの場所は男女で分かれているので困っています。
だれかに相談したいんですが、だれに相談すればいいですか？

学校の運動部ってほとんど男女に分かれていますね。

たまに人数が少ないと、男女いっしょに練習してる部活もあるからさがしてみてください。ぼくの行っていた学校では、剣道部と卓球部は男女混合でしたよ。

着替えの場所のことは、顧問の先生にカミングアウトして相談できたらいいんだけど、カミングアウトするかしないかは重大なことなので、この本の5章も読んでしっかり考えてみてからにしましょう。

相談機関（121ページ〜）や、「カミングアウトをしようと思ったとき」（113ページ）を参考にしてね。

もし、相談するのがむずかしそうだったら、みんなより早く行ってパパッと着替えちゃうとか、逆にみんなが終わってから着替えはじめるとか、トイレで着替えるとか！

くふうして乗りこえられる方法もさがしてみて。

あとは、スポーツをするのに学校の運動部でなければならないってことはないから、地域のスポーツチームをさがしてみるのもいいね。

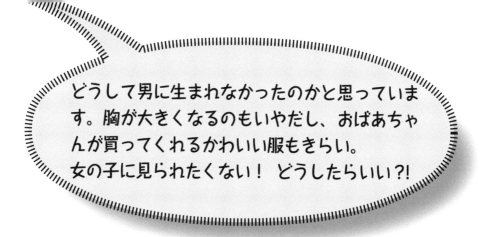

　私は、前にネクタイをして学校に行ったことがあります。
「女の子なのにへん」と言われるかなと思っていたら、先生が「すごくすてきね。これから毎日してきたらいいのに」と言ってくれて、とてもうれしかったです。
　でも、自分のことをわかってくれる人ばかりでもないよね。
　おばあちゃんを、どう攻略（こうりゃく）するかは、悩（なや）みどころですね。おばあちゃんの気持ちがわかるだけに、断りづらいでしょう。
　たとえば、こんなふうにしてみるのはどうでしょう？

◆「こういうかっこうがにあうって、ほめられるんだ」と、おばあちゃんに自分の好きな服装を見せにいく。
◆「これからは自分で服を買わせて」または「いっしょに行って好きな服をえらばせて」と、たのんでみる。
◆「サッカーの練習にいくとき、こういう服はシューズと合わない」とか、それっぽい理由を具体的に言ってみる。
◆「スカートとか、ほんとマジ100％むりなんだよ！！！！」と、悲しい目でうったえてみる。
◆ おばあちゃんに「ねぇ、今これすっごくほしいんだ〜」と、服以外のものをねだってみる。

周りの人たちも、あなたがのびのびとして、そっちのほうが幸せなんだとわかれば、考えが少し変わるかもしれません。
「それいいね！」と言ってくれる人を増やしましょう。

　あと、胸が大きいのがいやだったら、胸を平らにするシャツも売っています。「ナベシャツ」と言います。インターネットで買えて、夏でもかっこよくＴシャツが着られます。

ナベシャツは、ちょっとキュウクツだけど、なれるとだいじょうぶ

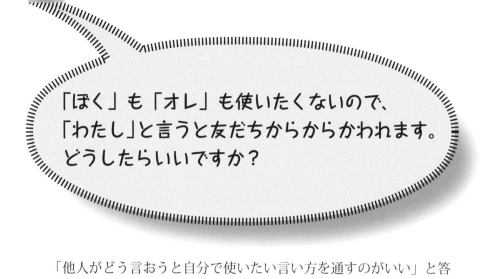

「ぼく」も「オレ」も使いたくないので、「わたし」と言うと友だちからからかわれます。どうしたらいいですか？

「他人がどう言おうと自分で使いたい言い方を通すのがいい」と答えたいけれど、それは案外むずかしいことだよね。
　1、「自分」を使う
　2、おとなは男女ともに「わたし」を使うから、割り切って「わたし」を使う
　3、一人称を使わない言い方をすごくがんばって考える
　　（「3」って、けっこういけるよ。）

　みんなの言う「ふつう」って、じつはけっこういいかげん。
　中学校のときに「ぼく」と言ってたら「お前ダサいな」とからかわれて、がんばって「オレ」って言う練習をしてた友だちがいました。
　でも、その彼が高校に入ったら、周りの男子はみんなフツーに「ぼく」って言っていて、すごく拍子抜けしたんだって。
　今いる世界、今周りの人たちが決めている「ふつう」だけが、この世界のすべてではないよ。周りから「こいつはこういうやつだから」と慣れてもらうとか、わかってくれる仲間を数人でも見つけられたららくだけど、そういう可能性はあるかな？　きみの「わたし」をステキだと思ってくれる人が、きみの周りにあらわれますように。

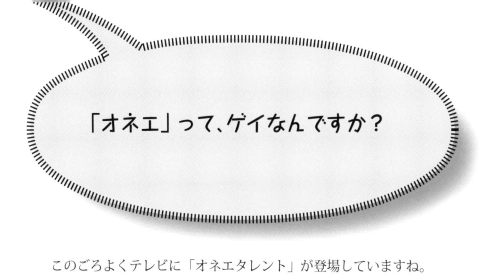

「オネエ」って、ゲイなんですか?

　このごろよくテレビに「オネエタレント」が登場していますね。
　「オネエ」は、女っぽいふるまいや服装、話し方をする男性のことをよびます。
　ゲイというのは、男性で男性を好きな人のことです。
　ゲイの人は、かならずしも女っぽいわけではありません。
　異性愛の男性にいろんな人がいるのと同じで、ゲイの人たちも、カッコいいお兄さんや、かわいいぽっちゃり系、いろんな外見やふるまいの人たちがいます。ちなみに、見た目や話し方では、ゲイかどうかわからない人がほとんどです。
　ゲイの人たちが集まるバーやイベントでは、コテコテのメイクに女性の服装をし、オネエ言葉を駆使した「ドラッグクイーン」が登場したりします。これは非日常を楽しむためのもので、テレビに登場する「オネエタレント」も、この延長かもしれません。
　オネエ言葉や女装で人気をとっているタレントさん全員が、男性を好きになるというわけではないでしょう。あくまで芸風のひとつとしてとらえたらいいと思います。

　無神経に「オカマ」という言葉が使われることがありますね。こういう質問をしたあなたは、なにか、そこにバカにしているようなニュアンスを感じとったのでしょうか？

　「オカマ」というのは、「女性的な男性」のことを、差別的によぶときに使われてきた言葉です。だから、「あの人オカマだよね」という言い方も、よび方もやめたほうがいいでしょう。

　ばかにしたよび方は、ほかにもあって、「ホモ」や「レズ」もそうです。

　言葉に悪いイメージがついてるから、「そんなふうによばないで」って思う人も多いです。

　「オカマ」→もし男性を好きな男性を指しているなら「ゲイ」。
　　　　　　→もし女性として生きたい男性を指しているなら「トランスジェンダー」
　「ホモ」→「ホモセクシュアル」または「ゲイ」。
　「レズ」→「レズビアン」と、省略しないでよぶのがいいでしょう。

　でも、ときどきLGBTの人が、自分のことをプライドと愛情をもって、「オカマ」「ホモ」「レズ」とよぶときがあります。これは、そもそも自分たちのことを指す言葉に悪いイメージをつけたのは他人なんだから、自分たちのもとに言葉を取りもどそうという気持ちの表れなのかもしれません。

しかし実際は、いろんな性別の人を、なんてよんだらいいか、まよいますよね。

　私は、小学生のときに「おとこおんな」って、友だちから言われていました。自分でも「なるほど！」と、気に入っていたんです。

　でも先生は、「そんな失礼なよび方をしてはいけません」って、友だちをしかりました。友だちに悪気はなかったし、逆に、「おとこおんな」の自分が「ダメ」って言われているみたいで、ガッカリしたのをおぼえています。

　人との関係は、どういうよび方をするかだけにこだわるのでなく、気持ちが大事だと思います。でも、その人にとっていやなよばれ方があるかもしれないから、気をつけたほうがいいですね。

　「おとこおんな」だった私は、自分の好きな話し方や歩き方、遊びをしていただけで、特別なことをしたわけではありません。

　「オカマ」や「オネエ」ってよぶと、なんか特別な人みたいに聞こえがちだけど、その人にとってはなにも変わったことをしている気はないかもしれません。

　その人との関係にもよるけれど、知り合いなら名前でよぶのがいいと思いますよ。

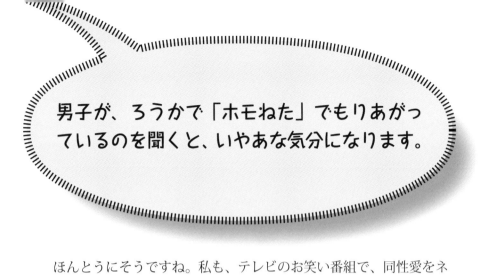

男子が、ろうかで「ホモねた」でもりあがっているのを聞くと、いやあな気分になります。

　ほんとうにそうですね。私も、テレビのお笑い番組で、同性愛をネタにしてバカにして笑うことがあると、観ていて気分が悪いです。
　でも、そういうおとなのまねをして、その男子たちももりあがっているのだと思うと、おとなの責任や社会の責任を感じます。このことは、おとなとして申しわけなく思います。
　きっとほかにも気分を害している人はいると思いますよ。そしてなにより、それは「セクハラ」です。
　文部科学省から学校に「性的マイノリティ（LGBT）の子どもたちの支援(しえん)をしっかりしなさい」、「性の人権について学習しなさい」という連絡がとどいているはずです。だから気がついた人が「どうにかして」とうったえれば、きっと学校の環境(かんきょう)を変えていくことができると思います。ただ、ひとりで言うのは勇気がいりますね。ほかにも気分を害している人を見つけて、いっしょに相談できそうな先生をさがしてみましょう（112ページを見てね）。
　先生に、性の多様性やセクハラについて授業をしてもらって、ちゃんと学べば、そういう行動はなくなると思います。
　ちなみに、「ホモ」は「ホモセクシュアル（同性愛）」を省略した言葉で、差別的によぶときに使われてきました。だから略さずに「ホモセクシュアル」か、「ゲイ」とよんでください。

40

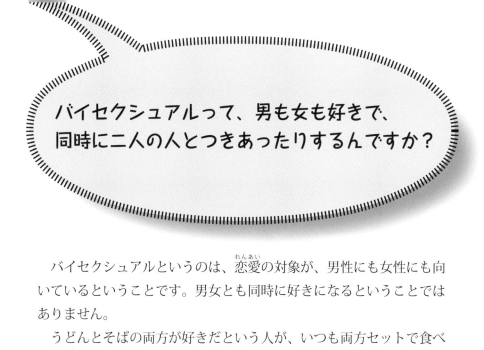

バイセクシュアルって、男も女も好きで、同時に二人の人とつきあったりするんですか？

　バイセクシュアルというのは、恋愛(れんあい)の対象が、男性にも女性にも向いているということです。男女とも同時に好きになるということではありません。

　うどんとそばの両方が好きだという人が、いつも両方セットで食べるわけじゃないでしょう？　それと似ています。

　バイセクシュアルに限らず、異性愛者でも数人と同時につきあっている人はいますよね。同時につきあうというのは、どんな性別を好きかと関係ありません。つきあい方のひとつのかたちです。

　それを浮気(うわき)だといってゆるせない人もいれば、つきあっている人みんなが了承(りょうしょう)してうまくいっている場合もあります。

　また、バイセクシュアルの中には、好きになる相手の性別は重要視せず、性別以外の自分の好みを優先する人もいます。

41

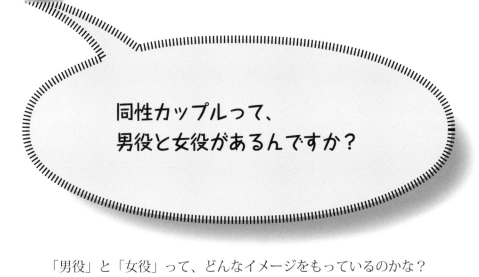

同性カップルって、
男役と女役があるんですか？

「男役」と「女役」って、どんなイメージをもっているのかな？
料理を作るのが女役で、ゴキブリに対処するのが男役とか？
「おれについてこい！」が男役で、リードされるほうが女役とか？
そのイメージって、「社会の性」にとらわれていると思いますよ。
実際に、同性カップルの中には、ちがう役割を担っている人たちもいます。たとえば、片方がのんきな性格で、もう一方がしっかりさんだったり、片方が料理を作るのが得意だけど片付けが苦手で、もう一方が皿洗いや掃除を担当したりするとかね。
それは、男女の役割を真似しているというよりも、本人同士の得意不得意で自然に決まってくる分担です。
また、役割分担をしていない同性カップルだっていっぱいいますよ。同じように虫が苦手で対処するのに困ったり、買い物が大好きでいっしょにスーパーに行って食材を選んだり、ね。
それは異性カップルでも、同性カップルでも変わらないんじゃないかな。二人の関係性は、それぞれのカップルが作っていくものであって、決まりきった役割はないですよ。

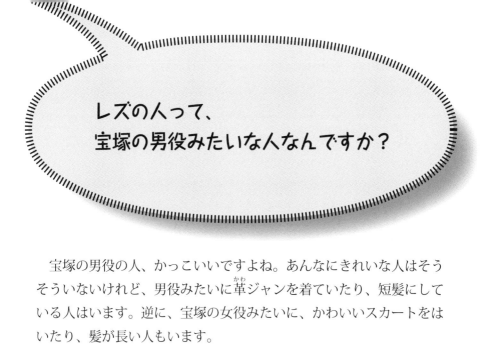

レズの人って、宝塚の男役みたいな人なんですか？

　宝塚の男役の人、かっこいいですよね。あんなにきれいな人はそうそういないけれど、男役みたいに革ジャンを着ていたり、短髪にしている人はいます。逆に、宝塚の女役みたいに、かわいいスカートをはいたり、髪が長い人もいます。

　でも最近は、多くの人と同じ格好をしている人のほうが多くて、見た目でレズビアンとはほとんどわかりません。

　デートをしたり、いっしょに住んだり、外国だと、養子をもらってパートナーと子育てをしたり、人工授精で子どもを産んで、二人で育てるカップルもいます。レズビアンは、ゲイにくらべて、メディアで取り上げられる機会が少ないけれど、ディズニーランドでのレズビアンの結婚式が放映されたことがありましたね。

　ところでレズビアンというと、アダルトビデオの「レズもの」のイメージをもっている人もいます。アダルトビデオは、観る人たちの願望でできるので、現実とは大きくちがいます。ビデオをつくっている多くが男の人なので、現実ではぜったいにしないようなひどい描写が出てきて、迷惑をしているレズビアンは多いんです。そういうイメージで「レズ」ってよばれることもあります。

　だから、「レズ」って略さずに「レズビアン」ってよんだほうが、あなたの理解ある態度が相手に伝わりやすいと思いますよ。

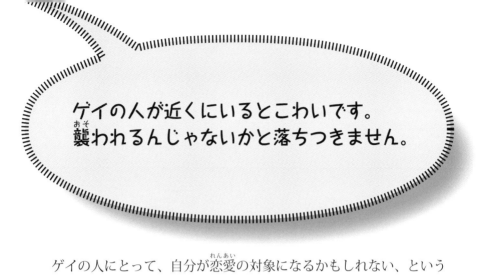

ゲイの人が近くにいるとこわいです。
襲(おそ)われるんじゃないかと落ちつきません。

　ゲイの人にとって、自分が恋愛(れんあい)の対象になるかもしれない、ということですね？　たしかに、男同士で安心しているのとは、ちょっとちがう気持ちになることはあるでしょう。
　でも、あなたが女の子ならだれでもいいわけじゃないように、ゲイの人にも、好きな人のタイプがあります。そばにいるからといって、いきなりせまられる可能性は、とっても低いでしょう。
　また、襲(おそ)われる可能性は、もっと低いです。
　あなただって、好きな子がとなりにいたからって、すぐ襲(おそ)いかかったりはしないでしょう？　ゲイの人も同じです。目の前のだれかに急にせまったり、襲(おそ)おうとすることなんてありません。
　好きなタイプもいろいろです。やさしい感じの男性を好きな人もいれば、スポーツマンのような男性を好きな人もいます。それに、見かけじゃなくて、いっしょにいて楽しい、安心できる、いろんなことにがんばっているすがたを見て、好きになったりします。
　また、ゲイの人が、男の人を好きになるときも、かならずしも性的な関係を求めているのではなくて、ただいっしょに過ごすだけで楽しい、いっしょに生活するだけでいい、という人もいます。

> アメリカのドラマでは、よく「ゲイ」とか「レズビアン」とかいう言葉が出てきたり、キャラクターにも１人以上います。
> アメリカでは、そういうのがふつーなんですか？

　アメリカに、ＬＢＧＴがとくに多いわけではありません。
　ＬＧＢＴのいる割合は、世界中で同じくらいだと言われています。
　ではなぜ、アメリカのドラマでＬＧＢＴの人たちが多く見かけられるのでしょう。
　それは、アメリカでは、人種はもちろん多様な人たちがいることが当然だとみとめられているから、ドラマ制作や、公的な委員会などのメンバーには、多様な人たちが参加することが一般的になっているからです。だから、ＬＧＢＴの人たちも、ドラマの配役に入るようになっているのです。教科書はもちろん、いろんな本に、多様な人たちが登場します。そうして、多様な人たちがいることを、目に見える形にしているのです。
　多様な人たちの存在をあたりまえだとみとめる社会って、すてきだと思いませんか？

私自身は同性に恋愛感情はないけれど、
BL（ボーイズラブ）のマンガが好きなのは、
その人たちに失礼ですか？
BL が好きだとかなりへんな目で見られま
すが、BL 好きはへんですか？

「失礼ですか？」と、あなたがたずねたことには、同性を好きな人
たちへの敬意が含まれていると感じ、うれしく思いました。

同性を好きな男性で BL が好きな人もいれば、それほど好きじゃな
い人もいます。また BL は読者の願望にそって書かれているので、現
実の男性同士の関係とは大きくちがうことを意識しておいてください。

さて、ＢＬのマンガが好きでも、まったくへんではありません。

男女の恋愛物は、やはりいまだに、男がリードして女はついていく
という、「女らしさ・男らしさ」の役割分担になっているものが多い
と感じます。

なので、BL は 2 人の関係が対等で、純粋に恋愛物として楽しめる
という理由で、女子や女性に人気があるとも言われています。もちろ
ん BL の中にも関係性が対等でないものがありますが。

もしかして、あなたが BL を好きな理由にも、「女らしさ」や恋愛
のパターン化に対する反発があるのかもしれませんね。「これはなん
だかいやだ」、「腹が立つ」なんて感じるマンガがあったら、そのこと
についても、自分の気持ちを見つめてじっくり考えてみるのもいいと
思います。

きっと、自分がなにを大切にしたいか、恋愛についてどう感じてい
るかを理解することにつながりますよ。

> LGBTについて学校で授業があったけど、人それぞれだし、だれを好きになるかとか、服装は人の勝手だと思うから、べつにいいと思う。興味がわかなかった。

あなたが言うように、たしかに人それぞれです。
でも、「興味がわかない」というのはちょっと残念……。
修道女(しゅうどうじょ)として貧しい人につくしたマザーテレサも言っています。「愛の反対は無関心」だと。

関係ないとか、興味がないと言う人が多いと、差別や偏見(へんけん)はなかなかなくなりません。だから、まずは授業で知ってもらえたのはよかったです。

それからもし、あなたの周りで、LGBTの人に対してからかうような言動があれば、「人は、それぞれだと思うよ」と発言してくれたらうれしいです。それを聞いて、勇気づけられる人がきっといます。

それぞれ(多様性)を否定せずに、尊重できたらよいなと思います。

べつに〜

◆ＬＧＢＴについて

■ＬＧＢＴって？

LGBT とは、レズビアン（L）、ゲイ（G）、バイセクシュアル（B）、トランスジェンダー（T）の頭文字をあつめた言葉で、多様な性を生きる「人」を表す言葉です。

　L：レズビアン（女性同性愛者）

　G：ゲイ（男性同性愛者）

　B：バイセクシュアル（両性愛者）

　T：トランスジェンダー（生まれたときの性別とこころの性別が一致せず違和感をもつ人）

　また、LGBT は、この４つのセクシュアリティを生きる人たちだけを表している言葉ではありません。この本で説明しているのは、「アセクシュアル」と「クエスチョニング」だけですが、他にもさまざまなセクシュアリティを生きる人たちを表しています。

　最近の調査では、日本人の 7.6％が LGBT であるという結果が出ています（＊電通ダイバーシティ・ラボ 2015 年調査より）。「LGBT」は数が少なくても異常ではないし、おかしなことでもありません。

　また、LGBT は、その人のすべてを表すものではありません。推理小説が好き、マンガを描くのが得意、背が高い、保健委員をしている、ひとりでいるのが好き、などと同じく、人がもっているいろんな側面の一つです。自分も含めてそれぞれの人がもっているさまざまな面をみとめていきましょう。

■どんな性の形があるの？

　セクシュアリティを知ろう（23 〜 25 ページ）にある４つの要素の中から、関係のある要素を使って説明します。示していない要素は人によって○のつく位置がちがいます。

▶「だれが好きか」のいろいろ

＜レズビアン：Lesbian ＞

　女の人を好きになる女の人のことをレズビアンといいます。レズビア
ンの中には、男性のようなかっこうをしている人もいれば、女性っぽい
かっこうをしている人もいますし、まだ女性とつきあったことがない人
もいます。レズビアンはメディアで取り上げられる機会が少ないのです
が、デートをしたり、いっしょに住んだり、外国ではパートナーと子育
てをしている人たちもいます。

こころの性　　女 ⊖————— 男

好きになる性　女 ⊖————— 男

＜ゲイ：Gay ＞

　男の人を好きになる男の人のことをゲイと言います。ゲイは、最近は
一部の「オネエタレント」のように、テレビなどによく登場します。ゲ
イの人たちの中には、女性らしいふるまいや言葉を使う人もいれば、そ
うじゃない人もいます。また、ゲイは男ならだれにでもアプローチする
と言われたりしますが、ゲイもそれぞれ好きなタイプがありますし、ま
たエロス的（性的）な関係を強く望まないゲイもいます。

＊海外では、「ゲイ：Gay」という言葉は、同性を好きな男性だけでなく同性を好きな女性を指
す場合もあり、同性が好きな男性だけを指す場合は「ゲイ男性：Gay Men」という表現を使う
ことが多いです。この本は「ゲイ」という言葉を、「ゲイ男性」（同性を好きな男性）と同じ意
味で使っています。

こころの性　　女 —————⊖ 男

好きになる性　女 —————⊖ 男

49

<バイセクシュアル：Bisexual >
　異性と同性、どちらの性別も好きになる人のことをバイセクシュアルと言います。バイセクシュアルの人の中には、異性と結婚(けっこん)していて家庭をもっている人もいれば、同性といっしょに暮らしている人もいます。またバイセクシュアルの人の中には、たとえば「指の細い人」や「なめらかな話し方をする人」を好きになる、といったように、相手の性別を重要視しない人もいます。

<アセクシュアル：asexual >
　「性的に好き」という気持ちがわからない、またはそういう気持ちをもたない人のことを、アセクシュアルと言います。未熟(みじゅく)だから「性的に好き」という気持ちをもたないわけではないのです。また、アセクシュアルの人の中には、エロス的（性的）な好きの気持ちはもたないけど、ロマンチックな好きの気持ちをもつ人もいます。

　　　　好きになる性　女 ——×—— 男

<ヘテロセクシュアル：heterosexual　>
　自分の性別とはちがった性別の人を好きになる人のことを、ヘテロセクシュアルと言います。ヘテロセクシュアルは、LGBTとはちがって少数者ではないですが、これも一つの性のかたちです。ヘテロセクシュアルの人の中には、結婚(けっこん)する人もしない人もいます。子どもを育てる人も育

てない人もいます。ヘテロセクシュアルの人もいろんな暮らし方をしています。

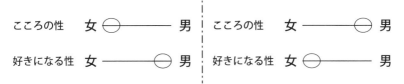

▶「性別のかたち」のいろいろ
＜トランスジェンダー：Transgender＞
　自分の身体の性に違和感を感じたり、身体の性別とはちがう性別で生きたいと思う人のことを、トランスジェンダーといいます。
　トランスジェンダーの人たちは、自分の胸がふくらむことや生理がくること、あるいは、声変わりしたり筋肉がつくことに、「すごくいや」「こんなの自分じゃない」という感覚をもったり、なんとかそうした変化を止めたいと思ったりします。
　他人から「あなたは男の子ね」「女の子だよね」などと言われたり、身体の性別によって制服や更衣室・トイレが割り当てられたり、男女の班分けがされると、「ほんとうは、こっちじゃない」と思ったりします。
　もともと男の子にも女の子にも、いろんな性格の人がいて、お花と人形が好きな男の子もいれば、外遊びが好きで虫をつかまえる女の子もいます。そのため、トランスジェンダーもまた、よくいるボーイッシュな女の子や、やさしい男の子なんだと思われていることもあります。しかし、トランスジェンダーとは、「そもそも自分は、みんなが思うのとはちがう性別なんだ」という気持ちをもっている人たちです。
　トランスジェンダーの人たちは、そうした気持ちに合わせるように、病院で外見を変える治療を受けたり、名前を変えたり、戸籍上の性別を変えたりすることがあります。トランスジェンダーの人たちは、こうした選択肢の中から、どれを選んだら自分が幸せになれそうなのかを、じっ

くり考えます。服装を変えればハッピーになる人も、手術をしたらホッとする人もいます。なにをしたら「自分はこれがいい」と思えるのかは、トランスジェンダーの中でも、人それぞれです。

さらに、トランスジェンダーの恋愛の形もイロイロです。女の子から男の子になった人で、大好きな彼氏と男同士のカップルとして暮らしている人もいますし、すてきな彼女と結婚する人もいます。こころの性別と、好きになる相手の性別って、あまり関係がないんですね。

より深く知りたいと思ったら、第4章の解説（95ページ〜）を見てください。

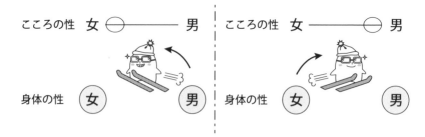

＜シスジェンダー cisgender＞
　自分の身体の性とこころの性が一致して、違和感をもたない人たちのことを、シスジェンダーといいます。世の中には、自分の生まれたときの性別に違和感をもたない人のほうが多いです。

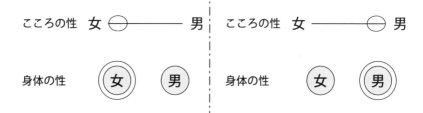

＜クエスチョニング questioning ＞

　自分のこころの性がよくわからなかったり、女性や男性でないような
気がする、まただれが好きなのかがよくわからなかったりするようなセ
クシュアリティのあり方を、クエスチョニングといいます。

　自分の性別やだれが好きなのかを意識するようになってくると、「自分
がほんとうに女性・男性なのかな？」と思えたり、「ほんとうに異性が好
きなのかな？」と思ったりすることがあります。

　たとえば、同性の友だちがとても好きなとき、「親友として好きなのか
な？　それとも性的に好きなのかな？」とまようことがあります。そん
なときに、自分は同性が好きなレズビアンやゲイなのかなと思って、そ
うなろうとしてしまうことがあります。

　また、身体の性が男子であっても、男の子らしい服を着るのはちょっ
とちがう、でも女の子になりたいとも思えないようなこともあります。
そうしたとき、自分はトランスジェンダーなのかもしれないと思ったり、
またはっきり決めようとがんばってしまうかもしれません。

　でも、おぼえておいてほしいのは、すぐに自分が女性か男性なのか、
また同性が好きなのか異性が好きなのかを決める必要はないということ
です。ゆっくりと自分らしいあり方をさがしていけばいいのです。

　クエスチョニングのなかにも、とてもいろんな人たちがいます。「男ら
しさ・女らしさ」のイメージに自分の外見が合わないなと感じる人もい
れば、月や年ごとに自分のこころの性や好きになる性が揺れたり変わっ
たりする人もいます。かんたんにこの人がクエスチョニングだと分けら
れるわけではありませんし、一人ひとりのセクシュアリティはいろいろ
で、それについての悩みもいろいろです。

　また、先に出てきたレズビアンやゲイ、バイセクシュアルでも、自分
のこころの性別にあまりこだわっていない人もたくさんいます。

第3章

恋愛あれこれ

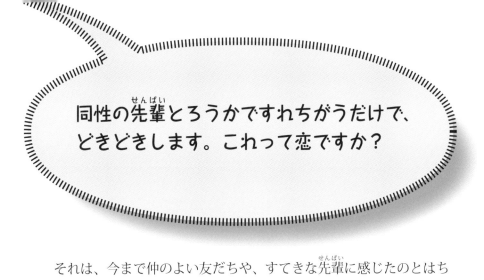

同性の先輩とろうかですれちがうだけで、どきどきします。これって恋ですか？

　それは、今まで仲のよい友だちや、すてきな先輩に感じたのとはちがう、「好き」って気持ちかな？

　その先輩のクラスが体育のときは運動場にすがたをさがしたり、ちょっとでもすがたを見られた日は1日中ウキウキしたり、だんだん見るだけでは気持ちがおさまらなくなって、朝早く登校してさりげなく「おはようございます」とあいさつしたり、先輩の好きなことについて自分も知ろうと努力したりしているのでしょうか？

　ドキドキするのは、そもそも「その人と離れたくない」、「すぐに走っていってつかまえなくちゃ」と脳から指令が出て、全身に栄養と酸素を送るために、心臓が活発に動くからなんですよ。だから、それってやっぱり恋の可能性が高いでしょうね。

　これから、「どきどき」「うれしい」「楽しい」だけではなく、「苦しい」「悲しい」「不安」などの気持ちが加わってくるかもしれません。

　それらすべてひっくるめて、これからのあなたが形作られていきます。だから、「好き」という気持ちを大切にして、ゆっくり考えていってくださいね。

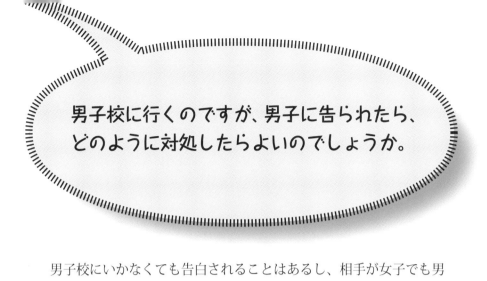
男子校に行くのですが、男子に告られたら、どのように対処したらよいのでしょうか。

　男子校にいかなくても告白されることはあるし、相手が女子でも男子でも、告白されたときの対応は同じだと思いますよ。
　「自分をステキ」だと思ってくれたのはうれしいことだから、まずは「ありがとう」。そして断るときは、「友だちとして好きだ」とか、「君の気持ちには応えられない」など。「できれば友だちとして、これからも変わらずつきあいたい」と伝えるのもいいと思います。
　対応は、相手の性別で変わることではないけれど、少しちがいがあるならば、告白により多くの勇気が必要だったと思うので、「伝えてくれてありがとう」と、相手の決心をねぎらうことで、思いやりを示せますよ。
　あなたの質問からはずれるかもしれないけれど、友だちから「きみにだけ知ってもらいたいんだけど、じつはぼく、ゲイなんだ」とカミングアウトされて、恋の告白だと誤解する人はけっこう多いんです。「きみが好きなんだ」とは、まったく言っていなくともです。
　そんなかんちがいはしないようにしてくださいね。
　でも、もし、「告白された」って印象が強いときは、「いま、まるで、好きって告白されたみたいにドキドキしているんだけど、もしかしてぼくのこと好き？」と聞いてみるのはありでしょう。友だちからカミングアウトされたときには、107ページを参考にしてください。

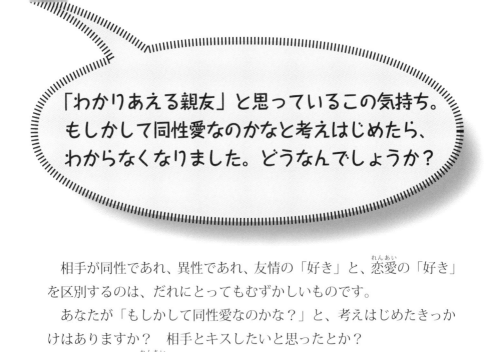

「わかりあえる親友」と思っているこの気持ち。もしかして同性愛なのかなと考えはじめたら、わからなくなりました。どうなんでしょうか？

　相手が同性であれ、異性であれ、友情の「好き」と、恋愛の「好き」を区別するのは、だれにとってもむずかしいものです。

　あなたが「もしかして同性愛なのかな？」と、考えはじめたきっかけはありますか？　相手とキスしたいと思ったとか？

　とりあえず、恋愛かどうかは別にして、「もっといっしょにいたい」「二人で出かけたい」「携帯の待ち受けをおそろいにしたい」「名前でよびあいたい」など、自分の夢や願望を伝えて、相手にやってみてもらいながら、気持ちをたしかめていくのもいいでしょう。

　ちょっとした気持ちの揺れなのか、恋愛感情なのか、自分で自分をゆっくり観察してみてください。

　それから、恋愛感情だとしても、告白して、ふたりの関係を変えていくことが望みなのか、いまの「わかりあえる親友」の関係を続けるのが望みなのか、これもゆっくり考えてみてください。

　告白するなら、その後、どうなるかも考えておくといいですね。

　その親友の反応は、ある程度、予想できますか？

「拒絶されて、絶交」
「告白は受け入れてもらえないけど、親友関係は変わらない」
「告白が成功して、恋人関係に」

　どんな反応でも受け入れる準備はありますか？

好きという気持ちには、いろいろな形があるし、友情とか恋のあり方も、一人ひとりちがいます。結論が同性愛でもそうじゃなくても、「その人を好きになれてよかったね」と、私はあなたに伝えたいです。

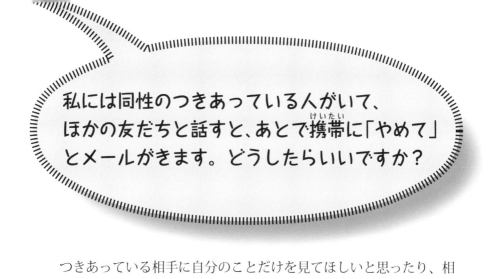

私には同性のつきあっている人がいて、ほかの友だちと話すと、あとで携帯(けいたい)に「やめて」とメールがきます。どうしたらいいですか？

　つきあっている相手に自分のことだけを見てほしいと思ったり、相手が他の人と話していると、しっとの気持ちを感じたりすることは、恋愛(れんあい)ではよくあることです。そういう気持ちになることには問題がありません。ただし、つきあっているからといって、相手の人間関係や行動を制限してよいことにはなりません。気持ちと行動は分けて考えることが大切です。この場合は、「あなたのことは大好きだけど、他の友だちとの関係も大切にしたい」と伝えてみてください。

　デートDVって聞いたことあるかな？　デートをするような親密な関係で起こる暴力（DV＝ドメスティックバイオレンス）のことです。

　暴力って聞くと、なぐる・けるという身体的な暴力を思い浮(う)かべる人が多いんだけど、相手の行動を制限する束縛(そくばく)や暴言、「別れるなら死ぬ」というおどしなど、精神的な暴力も含まれます。

　デートDVだと気づかずに、「私のことが好きだからやっている」「愛されている証拠(しょうこ)」と思いこんで、がまんしている人も多いです。

　デートDVは、LGBTの人も含めて、あらゆるカップルに起こる可能性があります。相手の言うことやすることをキュウクツだなとか、こわいと感じたら、チェックリスト（72ページ）をみてください。

　LGBTのDVにくわしい電話相談を紹介しておきますね。

◆いくの学園　毎週水曜日（祝日休、12時〜17時）090-9629-4847

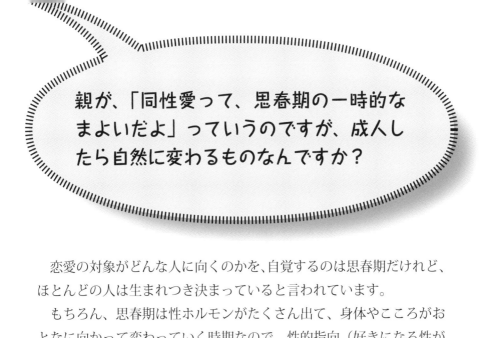

親が、「同性愛って、思春期の一時的なまよいだよ」っていうのですが、成人したら自然に変わるものなんですか？

　恋愛の対象がどんな人に向くのかを、自覚するのは思春期だけれど、ほとんどの人は生まれつき決まっていると言われています。

　もちろん、思春期は性ホルモンがたくさん出て、身体やこころがおとなに向かって変わっていく時期なので、性的指向（好きになる性がだれに向くか）や、自分の性別をどのように感じるか、ということについて揺れ動いている部分もあります。

　今すぐ、あなたがなんらかの結論を出す必要はありませんが、「一時的なまよい」という考え方は、むかしのものだと知っておいてくださいね。今は、性的指向は、努力や強制で変えられるものではないことがわかっています。

　もし、あなたがレズビアン、もしくはゲイだとはっきり自覚したときには、親にカミングアウトするかどうか、よく考えてから伝えてください（カミングアウトについては5章を読んでね）。

男子バスケの部長と副部長は名コンビで、みんなから信頼されていたんだけど、部長が副部長に告白したら断られました。1〜2年生にそのうわさが広まってザワザワした感じです。どうしたらいいですか？

　あなたは今3年生で、クラブの仲間や活動を大切に思っていること、部長と副部長を信頼していることが伝わってきて、すてきだなと思いました。

　身近な人の恋愛話は、ウワサになりやすいですよね。まして、信頼していた人たちだからこそ、「ゲイである」ことに敏感に反応しているのでしょう。

　ここは、あなたたち3年生の出番です。ザワザワした感じの中に、「同性だからおかしい」という声があったら、スルーしないで、「同性を好きになる人はいるし、だれかを好きって気持ちは『おかしい』とか、からかうものではないよ」と、しっかり口に出して言ってください。

　1〜2年生たちには、「自分たちは、残り少ないクラブの時間を大切にしたい。しっかりクラブ活動をやりたい」と、気持ちを伝えましょう。

　その伝え方ですが、「Ｉメッセージ（Ｉ＝私）」といって、「ぼくは」「私は」というように、「Ｉ」を主語にして話すといいですよ。

　「Ｉ」を主語にすると、批判的・攻撃的にならずに、自分の気持ちを素直に相手にとどけることができます。

かなり特別かもしれませんが、
女子を恋愛対象とする女の子を好きに
なってしまう男子は異常なのですか？
想いが通じるはずがないし、
ずっと悩んでいます。

　もちろん異常じゃありません。
　好きになった人が、異性であろうと、同性であろうと、ゲイであろうと、レズビアンであろうと、トランスジェンダーであろうと、好きという気持ちに変わりはありません。
　ただ、恋愛は相手のいることだから、両想いになるには、かなりむずかしいということはあります。
　そして、相手がどんな人であっても、あなたが中学生ならまだ恋愛の初心者なのだから、うまくいかない恋のほうが多いのです。
　多くの人は、何度も片想いをしたり、ふられたりしながら、自分を発見したり、人を見る目をつくっていくのです。
　あなたは、相手に想いを伝えることはできます。そのとき、相手のことを思いやって伝える方法があるはずです。考えてみてくださいね。むりに想いを伝えなくても、そばにいるだけでいい、という選択もあります。
　少なくとも、人を好きになることには圧倒的なエネルギーがあるので、とまどいますよね。つらい想いを、ひとりでかかえこまずに、だれかに話してみることも一案です。

> ぼくは同性が好きです。
> スマホで仲間をさがしていますが、露骨(ろこつ)な表現のサイトが多くて、危険な感じがします。
> どうしたら、安心なゲイ同士の出会いが実現できるでしょうか？

　そうですね。ネットでさがすと、性的な行為(こうい)をにおわす出会い系のサイトが、たくさんヒットしますよね。

　学校で、出会い系サイトの危険性を学びましたか？

　学校で教えるのは、たぶん、異性愛者向けの出会い系サイトの危険についてだと思いますが、同じような危険が、同性愛者向けのサイトでもあります。

　あなたが求めているのが、もし仲間との出会いなら、124ページにあるようなコミュニティスペースに参加するといいですよ。

　QWRC(くぉーく)（127ページ）などの団体に連絡をして、地元で活動している団体の情報を得ることもできます。

みんなで楽しく学べます！

マンガワークシートで学ぶ
多様な性と生 ジェンダー・LGBTQ・家族・自分について考える

様々な場面を想定し、子どもたちの発言を引き出しやすく工夫したマンガのワークシートが満載。授業づくりに役立つ「話し合いのポイント」と「解説」付。●教師・一般

オリジナルマンガのワークシートがいっぱい！

渡辺大輔・著
本体：1700円+税／96頁／B5変判・並製
ISBN978-4-86412-139-2

お母さん、お父さんのお助け本！

子どもと性 必読25問
タジタジ親にならないために

「赤ちゃんはどこから生まれるの？」と聞かれたらどう答える？　おふろにいっしょに入るのはいつまで？　息子の部屋でエッチな本を見つけた！　親が抱える子どもの性の心配事にしっかり答えます。一家に1冊！ ●親・一般

村瀬幸浩・著
本体：1200円+税／168頁／四六判・並製
ISBN978-4-86412-120-0

豊富なデータに基づいたセクソロジーの決定版！

改訂新版 ヒューマン・セクソロジー
生きていること、生きていくこと、もっと深く考えたい

性を学ぶすべての人へ―
多様性を前提とし、人権尊重の精神に沿った科学的な性の学びを、「生殖」「性愛」「性暴力」や「性感染症」、他の分野においても最新のデータと論理的な到達点を取り入れてまとめたセクソロジーの決定版！ ●学生・教師

狛潤一　佐藤明子　水野哲夫　村瀬幸浩・著
本体：2400円+税／208頁／B5変判・並製
ISBN978-4-86412-176-7

こころとからだ
子どもたちの生と性を育む

子どもの未来社出版案内

・・・・・・・・・・・・・・・・・・・・・・・・・・・・・

〒101-0052 東京都千代田区神田小川町 3-28-7 昇龍館ビル 602
電話 03-3830-0027　FAX03-3830-0028
Email:co-mirai@f8.dion.ne.jp
http://comirai.shop12.makeshop.jp/

2021.9

彼氏から「じつは自分は、女の子になりたいと思ってるんだ」と言われました。びっくりして気持ちの整理がつきません。どうしたらいいですか？

　それはびっくりしたでしょうね。気持ちの整理がつかないのも当然だと思いますよ。

　でも、ちょっと考えてみて。彼氏は、なんであなたに打ちあけたのでしょう。

　あなたをだましているみたいで、いやになったのかな？

　自分のことを、ちゃんとわかってほしいと思ったのかな？

　どんな理由で打ちあけたとしても、きっと、打ちあけるまでにたくさん悩んだり、まよったりしたことでしょう。

　あなたのことを信頼して打ちあけたのだから、相手の許可なく他人に言いふらしたりしないでください（109ページも見てね）。

　「なんで打ちあけてくれたの？」と聞いて、なるべく落ちついて話しあってみてください。これからも、つきあいを続けていきたいのか、たがいの気持ちを伝えあう必要があります。

　きちんと話しあって、もし別れることになっても、あなたがその人のよい理解者になってくれるといいなと思います。

65

つきあっていた人（同性）が、
異性の人を好きになって、かなりショックで、
死にたい気持ちです。
自分とはしなかったのに人前で手をつないだり、
みんなに応援されたりしていて、ほんとズルい。

　ただでさえ失恋はつらいものなのに、不公平な世の中のせいで、あなたがさらに悲しい気持ちになるなんて、ほんとうイヤになりますね。

　異性同士の恋人関係だと、人前で手もつなぎやすいし、周りの人に話しやすいことはそのとおりです。その反面、同性同士の関係だと、どうしても人の目が気になって堂々とつきあうことができなかったり、家族や友人にも話しにくかったりします。だから、あなたがズルいと思ってしまう気持ちもよくわかります。

　今はまだ気持ちを落ちつかせることができないかもしれないですが、ゆっくりと、その悲しい気持ちや、やるせない気持ちの受け止め方を見つけていってほしいです。もしひとりでつらければ、同性の相手のことを異性に置き換えて、周りの人に話してみるだけでも、少しは気持ちがらくになりますよ（ほんとは置き換えずに話せるのが一番いいんですけど）。

　同性同士の恋愛関係は、異性同士の関係に比べると、不公平な面が多いです。日本では、法律的に結婚しなくても、異性同士が恋愛関係で長くいっしょに住んでいると、「事実婚」といって法律的にいろんなことが保障されます。けれど同性同士はされません。性別がちがうだけで、保障されたりされなかったり、人からみとめられなかったりするのはおかしいですよね？　こういう社会では、やはり、同性同士のほうが肩身のせまい思いをするでしょうし、まだまだ偏見もあります。

でも、異性とつきあう人がみんな、同性同士の関係をおかしいと思ったり、無視しているわけではないですよ。
　たとえば、ハリウッド映画で大活躍しているアンジェリーナ・ジョリーは、ブラッド・ピットと長年つきあっていましたが、ふたりは「同性カップルも含めて、アメリカに住むみんなが結婚できるまでは、自分たちは結婚しない」と公言していました。
　アメリカ最高裁で、連邦法における「結婚」を男女間に限ると規定した「結婚防衛法（DOMA）」を違憲とする判決が下りて、1年後、二人はようやく結婚しました。LGBTの人たちも含めた世界中の人たちが、二人の結婚をお祝いしました。
　さらに1年たった2015年6月26日、アメリカの全ての州で同性婚がみとめられました。
　アンジェリーナ・ジョリーはバイセクシュアルであることを公表しています。彼女は、かつて女性とつきあっていたこともありました。
　彼女が、「社会が同性カップルに不公平なのはおかしい」と思って、パートナーと話しあったエピソードは、カッコいいですよね。
　性別にかかわらず、好きな人と幸せにすごせる社会になっていくとよいと、こころから思います。そして、あなたも相手の人も、たがいに好きになれたことをよかったと思える日がくるといいですね。

> 初めて両想いになりました。
> 相手といつでもいっしょにいたい、
> 自分のものにしていたいと思って、
> 気持ちがおさえられません。

　初めての両想い、とってもうれしいですよね。とくにLGBTの人にとっては、出会いの機会が限られている中で両想いになれたってことで、幸せな気持ちがより大きいのではと思います。

　「いつでもいっしょにいたい」、「自分のことだけ考えていてほしい」と思うのは、よくある恋愛感情です。でも、60ページに書いたように、それが行動にでたら要注意！です

　「自分のものにしたい」というけれど、人を「もの」として考えるのはおかしいですよね？　あなたの恋人であっても、それ以前に独立したひとりの人間であることを忘れないでくださいね。

　恋人となるべく長くいたいと思うのは当然ですが、友人と話したり活動したり、ひとりで過ごしたり勉強したりする時間も大切です。

　そのバランスが二人でちがっていると、「どうしてもっと想ってくれないの？」という、悲しさやくやしさをかかえる原因になります。

　恋愛マンガなどから影響を受けて、「こうなるはず」という思いこみがある場合もあります。

　もともと一人ひとり育ち方も考え方も感じ方もちがうのだから、相手を理解しようとして、ときにはちがいにくやしい思いをしながら、二人が幸せになれる妥協点を見つけていってください。その過程が、たがいの理解を深めたり、関係を強くしていくことにつながりますよ。

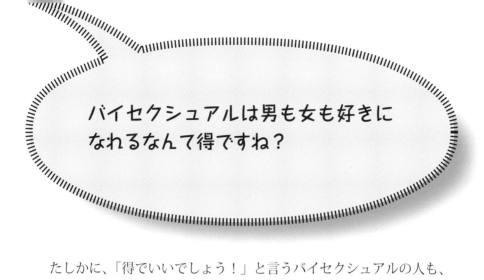

バイセクシュアルは男も女も好きになれるなんて得ですね？

　たしかに、「得でいいでしょう！」と言うバイセクシュアルの人も、中にはいます。けれどあたりまえのことですが、好みがあるのでだれでも恋愛の対象になるわけではありません。
　では、なにがちがうかというと、異性愛者や同性愛者は、基本的には最初に性別で分けて、その性別のみから恋愛対象を選びます。だから、1番の条件は相手の性別です。その上で、身長が165センチ以上、バスケのできる人、などと、好みで選んでいきます。ところが、バイセクシュアルの人は、男子はこんな人が好き、女子はこんな人が好き、というように、性別ごとに求めるものがちがっている人もいます。また、相手の性別を重要視せず、「身長165センチ以上でバスケができる人」が好きな人もいます。もし男性と女性でそれぞれ好みがある人なら、その分対象が広くて得と言えるかもしれません。けれど男女ともに好きで性別が関係ない人でも、すごく好みが細かい人なら恋愛対象は少ないわけです。単純に「2倍お得」とはいきません。それに、たとえたくさんの人が恋愛対象であっても、恋愛がうまくいくかどうかはわかりませんよね。つまり、バイセクシュアルの人が男性も女性も好きになれるからといって、簡単に得か損かとは言えないということです。事実とちがうことを言われると居心地が悪かったりします。そもそも恋愛で得か損かを考えてもおもしろくないですしね。

年上のパートナーがいますが、
性感染症が心配です。
エイズって、ゲイだとうつりやすいんですか？

　性感染症のうつりやすさは、セクシュアリティや人間関係で決まるのではなく、感染の可能性のある「行為」で変わります。エイズのウィルス（HIV）の含まれている体液は限られていて、それぞれ含まれるウィルスの量がちがいます。さらに、ウィルスを受け入れる側の粘膜の広さや特性もちがうので、その組み合わせで、行為によって感染の確率が変わってきます（くわしいことは 73 ページ～を見てね）。

　つまり、どんな人と性行為をする場合にも、感染の確率が大きい行為を、コンドームやデンタルダム (*) なしにすれば、うつりやすくなるってことです。

　統計的には、日本で、新しく HIV に感染したとわかる人の 72％、新しく AIDS を発症したとわかる人の 57％が、同性とセックスする男性でした（2014 年）。

　検査を受けていなくて自分の健康状態を知らない人もいるので、これは、あくまでも「わかった」人の数です。ゲイの人たちのコミュニティでは、検査を受けようというキャンペーンが進んでいるので、感染がわかる人が多いという面も多少あるでしょう。

　たがいの身体を大切にするということで、性感染症の予防はとても大事です。パートナーとは、そういうことについても話せる関係が育めるといいですね。

　ここで、コンドームについて少し話しておきます。
　学校では、コンドームを使う目的の説明は、性感染症の予防より、避妊のためと強調されるようですが、だれかと性的な関係を持つときにコンドームを使うことは、予防に有効です。ウィルスや細菌などの病原体を含む体液と、それを受け入れる粘膜の接触を防げるからです。
　今すぐ、性行為をするかしないかは別として、コンドームについて知っておくことは大事です。
　コンドームはうすいゴムでできていますが、ゴムは劣化しやすいので、使用期限があります。コンドームの入っている箱に書いてあるので、たしかめて、新しいものを使うようにします。
　箱から出して持ち歩くときは傷つきやすいので、ハードケースに入れてください。ゴムアレルギーの人にはビニールタイプ（ポリウレタン製）もあるし、サイズもいろいろありますよ。
　くりかえしになりますが、心配だったら、パートナーと率直に話しあってみてください。「愛しているからいいだろう」と、予防しないで性的な行為をするのは、DVになります（60ページを見てね）。
　たがいを好きで大事にしたいという気持ちには、たがいの身体を大切にするということも含まれていると思います。

＊）ラテックス製のうすい膜。もともとは歯科医が治療のために穴を開けて使っていたもの。

◆デート DV チェックリスト

★すべてのカップルに共通すること

□どこでだれと会っているか気にしたり、用事で会えないと「自分を最優先にしない」と言って、ふきげんになる

□しょっちゅう連絡がきて、すぐに返事しないと怒る

□二人の問題を、いつもあなたのせいにして責める

□「バカ」とか「どうせできない」など傷つく言い方をする

□「好きならいいよね」と気の進まないことをさせようとする（性的なことも含めて）

（ウィメンズネット・こうべ「デート DV 防止ハンドブック」より改編）

★ LGBT のカップルに起こること

□「DV は異性愛のカップルにだけ起こるもので、LGBT の私たちには起こらない」と言う

□「これは DV ではなく、LGBT のカップルにはあたりまえに起こっている」と言う

□「別れるなら LGBT であることをバラす」とおどす

□以前に異性愛の関係をもっていたのであれば、「あなたは本物の LGBT ではない」などと言ってせめる

□「だれかに相談しても、LGBT に対して嫌悪感をもっているからきっと助けてくれない」と孤立させようとする

□「同性の人どうしの DV は双方に同じだけ責任がある」と言う

（QWRC「LGBT 便利帳」2012 年より改編）

◆性感染症について

　性感染症とは、性的な行為（キスも含む）で感染する病気です。コンドームやデンタルダムで感染を防ぐことができない性感染症もありますが、「より安全な性行為」（Safer Sex）のために、これらは大いに役立ちます。性的な行為には、かならずコンドームやデンタルダムを使用し、少しでもおかしいと思ったときは、早めに病院に行くことが大切です。受診のときは、かならずしも「好きになる性」を言う必要はありません。

　病気は新しい状況が生まれるので、公的な信頼できるHPなどで最新情報を得るようにしてください。

　では、主だった性感染症について、現在の情報をお知らせします。

エイズ

★病原体／AIDS（A後天性　I免疫　D不全　S症候群）発症の原因は、HIV（H人　I免疫不全　Vウィルス）

★症状と特徴／HIVが身体に入ると、免疫（身体を病気から守る仕組み）がじょじょにこわされ、治療をしないままでいると、免疫力が低下して、さまざまな病気にかかりやすくなり、AIDSを発症します。

　治療しない場合、感染から発症までは数年〜10年程度と言われていますが、個人差があり、最近は進行の早い人もいます。日本では人口あたりでみると、20代など若い世代で感染がわかる人の増え方が大きいです（1日に4人以上、2014年現在）。

　HIVが多く含まれている体液は限られていて、それが別の人の粘膜に直接つくと、感染の可能性が生まれます。とても感染力が弱いウィルスで、空気や水に触れたらすぐに感染力がなくなってしまうので、日常生活では感染しないし、コンドームやデンタルダムを正しく使えば、ほぼ予防できます。すぐには症状が出ないので自分が感染していることに気づかない人が多くて広がっています。

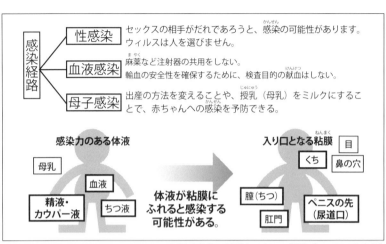

(HIVと人権・情報センター　啓発パンフレットより)

体液によってHIVの量がちがい、HIVを受け入れる側の粘膜の広さや特性もちがうので、その組み合わせと、行為によって感染の確率がちがいます。

1回の行為でそれぞれの側の感染する確率（％）

		感染している人			
		ペニス	膣	肛門	口
受け入れる人	ペニス		0.04	0.11	極めて低い※
	膣	0.08			極めて低い※
	肛門	1.38			データがない
	口	極めて低い	極めて低い	データがない	

麻薬の注射器を共用する（受け入れる人）0.63％

(アメリカ疾病管理予防センター（CDC）2014年資料より)

※極めて低い／だ液からの感染は基本的にはないですが、口の中に絶対に出血がないとはいえないので、このような表現になります。HIVはキスで感染することはありません。

★検査と治療法／無料で名前を言う必要のない血液検査が全国でできます。未成年も受けられて、保険証もいりません。どこでいつできるかは、インターネットのHIV検査相談マップで調べられます。

　感染がわかったら、ウィルスの量や免疫力を測って薬を飲みはじめる時期を決めます。薬を飲み続ければ、それまでと変わらない生活ができます。だから感染している人もあたりまえに暮らしています。

　ただ、薬を飲み続けるというのはけっこうたいへんなことです。インフルエンザで高熱が出たときのことを思い出してください。つらいときは薬をまじめに飲むけれど、熱が下がると、薬を飲むのを忘れやすいですよね。HIVは薬を飲み忘れると、薬が効かなくなってしまいます。症状がないのに、旅行にいってもイベントがあっても、薬を決められた時間にきちんと飲まないといけないので、簡単には考えないでください。

性器クラミジア感染症

★病原体／クラミジア・トラコマチス
★症状・特徴／今、日本で最も広がっている性感染症です。女性は軽い下腹部痛やおりものがふえる程度で約８割は症状がなく、男性は排尿時の痛みやかゆみ・尿道から膿などが出る軽い不快感がある程度で約５割は症状がでません。のどに炎症があるとディープキスでも感染することから、10代の感染も広がっています。抗生物質で治りますが、パートナーといっしょに治療することが必要です。

淋菌感染症（淋病）

★病原体／淋菌
★症状・特徴／クラミジアについで感染している人が多く、のどや直腸の炎症もふえています。女性はおりものが多くなったり、軽い排尿時の痛み程度で自覚症状がなく気づきにくいです。男性は排尿時に強い痛みがあり、尿道から膿が出たりしますが、最近は症状の軽いタイプが広がっ

ていて、気づかない場合もあります。抗生物質で治りますが、耐性淋菌が出てきているので、最後まで医師の指示を守ってきちんと治すことが大切です。

B型肝炎

★病原体／B型肝炎ウィルス
★症状・特徴／HIVとほとんど同じ感染経路ですが、HIVの50～100倍感染力が強いと言われています。食欲不振、全身の疲れ、吐き気などの急性症状を引き起こすこともありますが、症状がないこともあります。多くの人は知らない間にかかって、知らない間に治っている病気です。しかし、劇症化（ひどく悪化）することもあるので専門病院を受診してください。保健所などでは、血液検査を無料・匿名で受けることができます。早期に発見されると、ほとんどの人は薬で治すことができます。

梅毒

★病原体／梅毒トレポネーマ
★症状・特徴／ゲイの人の間で感染が増えていることが注目され、最近は女性の感染が増えていることもニュースになりました。抗生物質で治療できますが、長期に放置しておくと後遺症が残ったり、死に至ることもあります。

1期：感染した場所に痛みのない赤いしこりができ、くずれて潰瘍に変わります。

2期：約3ヵ月後に発熱、頭痛などの症状とともに、全身に赤い斑点ができます。その後無症状期が続きます。

3期：約3年後に皮膚にゴム腫とよばれるかたまりができます。

4期：約10年後には血管や心臓、脳などに障がいを起こすこともあります。

第4章

将来のこと

> 同性の友だちが、「性別に違和感がある」と打ちあけてくれました。なんとなく感じていたので、「やっぱり、そうかなって思っていたよ」と伝えたら、「わかってくれてうれしい」と言われました。
> でも、これからどのように接したらいいでしょう。男女の友だちってことになるのかな。

　その友だちは、あなたのことが信頼できるから、打ちあけたのでしょうね。

　なんとなく感じながらも、友だちが自分から打ちあけてくれるまで、よけいなせんさくをせずに待ってあげられたこと、よかったなって思います。

　今までよい友だちでいたということは、今後もよい友だちでいられると思います。

　だとしたら、男女の友だち関係はあるわけだし、とくに、あなたとその友人の間に、性別をもちこむことはないと思います。

　たがいに信頼できる、よい理解者でいてください。

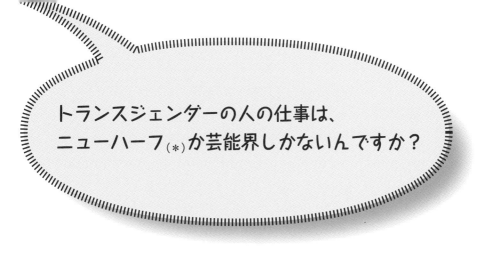

トランスジェンダーの人の仕事は、ニューハーフ(*)か芸能界しかないんですか？

　そんなことはありません。
　レストランのシェフ、スポーツ選手、たこ焼き屋さん、システム・エンジニア、コピーライター、学校の先生、医者、弁護士、新聞記者、ミュージシャン……。
　つけない仕事はありません。
　今の世の中には、たくさんの種類の仕事がありますし、もし、どこにもあわなかったら、自分で会社を立ち上げたり、働きやすい仕事場を作ることもできます。
　一度っきりの人生、トランスジェンダーの人も、そうじゃない人も、夢があるなら挑戦しましょう。
　ちなみにトランスジェンダーの私は、獣医師になりました。動物が好きだったし、資格を身につけたほうが、食いっぱぐれがないと思ったからです。
　それに、服装は白衣だから、男女は関係なくて無難でしょう？
　あれ？　あんまり前向きな理由じゃなかったかな？

＊ニューハーフという仕事をしているのは、トランスジェンダーの人ばかりではありません。

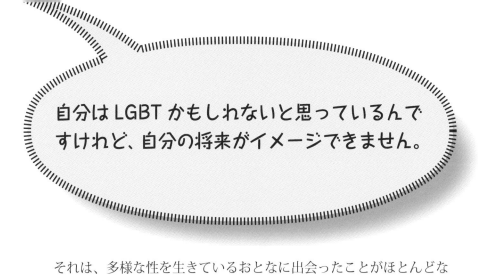
自分はLGBTかもしれないと思っているんですけれど、自分の将来がイメージできません。

　それは、多様な性を生きているおとなに出会ったことがほとんどないからではないでしょうか。だとすると、自分のことをLGBTかもと思っているあなたが、自分がどんなおとなになるのか想像しにくいのは当然といえば当然です。
　「将来こんなおとなになりたいな」と、お手本にする人のことを「ロールモデル」といいます。それは、身近な人かもしれないし、本に出てきた人かもしれないし、偶然出会った人かもしれないし、今はまだ会ってない人かもしれません。
　でも、自分に似ているところがあるなとか、真似できそうだなと思わなければ、お手本にしようとは思わないですよね。だからセクシュアリティの部分で共感できる人に会うことは重要です。
　いろんな人がいてあたりまえとされる社会なら、LGBTのおとなにも会いやすくなりますが、今はそれほど理解がすすんでいるかというと、正直そうではありません。
　わたしからは本を紹介しましょう。たくさんあるので、まず漫画と小説の作者名をちょっとだけあげます。
　「よしながふみ」、「志村貴子」、「やまじえびね」、「魚喃キリコ」、「中山可穂」、「仁川高丸」、「藤野千夜」などなど。
　映画だったら、橋口亮輔作品、「GO fish」や「パレードに行こう」

などです。

　つぎに、本や映画にどうやって出会うかのコツを書いておきます。ちょっとアナログな方法です。文庫は、裏表紙にその本の紹介が書いてあるんですが、「性」という文字が入っていたり、「新しい家族」とか書いてある本は要チェックです。

　発行が昔のものなら、「センセーショナル」もキーワードかもしれません。ハッピーエンドじゃなかったり、ホモって言葉で書いてあるものもあれば、自分のセクシュアリティに自信がもてたり、勇気を与えてくれたりする本もあります。

　映画は、マイナーな映画をよくやっている映画館に行くのをお勧めします。映画の内容が好意的とはかぎりませんが、LGBT が出てくる映画によく当たります。

　ネットで検索すれば、みんなが「いいね」っていう内容のものに出会えますが、ロールモデルをさがすなら、ハッピーエンドじゃなくても、LGBT の人の役柄が犯人でも、殺される役でもよいと思います。

　あなたにとってどれだけ感情移入ができるか、「こんな人になりたい」もしくは「こんなやつになりたくない」と思うかが、重要なんです。ぜひ、いろんなものにふれてください。

　ネットでさがすキーワードも書いておきますね。
「LGBT」、「セクシュアルマイノリティ」、「多様な性」、「Queer（クイア）」、「レインボー」、「虹色」、「カミングアウト」、「トランスジェンダー」などです。

　最後に、今後、いろんな人に会うための方法として、自分の興味があることや好きなことを周囲にしゃべっておくことをお勧めします。するとあなたの発信を受け止めた人たちから、また新たな出会いが生まれていきますよ。

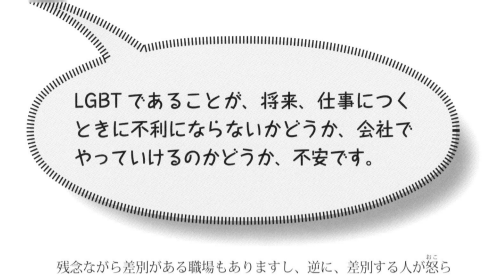

LGBTであることが、将来、仕事につくときに不利にならないかどうか、会社でやっていけるのかどうか、不安です。

　残念ながら差別がある職場もありますし、逆に、差別する人が怒られるような職場もあります。

　今は、会社の中でLGBTの研修をしたり、専用の相談窓口を設けたり、アライ（*）の人が「私はアライです！」ってアピールしている会社もあります。

　それから、同性どうしのカップルを、異性間の夫婦と同じように扱う会社も出てきています。結婚祝い金が出たり、パートナーが倒れたときには休みも取れるんですよ。

　私のつとめている会社はとくになにもしていないけれど、私が職場で雑談するときは、LGBTの話題をさりげなく盛りこんで理解者を増やそうとしています。

　あなたも、情報を集めて、選択肢をなるべく増やしてみるのはどうでしょうか。インターネットや新聞では、企業の前向きな取り組みについて調べることもできます。あなたが仕事に就くころには、不利な条件がもっともっと減っていることを願います。

*「アライ」とは英語で「支援、同盟」を意味するアライアンス（alliance）を略したもので、LGBTの人を理解したい、支援したい、いっしょにたたかいたいという、LGBT当事者ではない人びとをさす言葉。

> もうすぐ健康診断があるんですが、
> 性別で分かれているので、受けたくありません。
> 友だちの裸を見てしまうのも申しわけないし、
> 自分も見られたくありません。

　健康診断って、男女ではっきり分けられるからしんどいですよね。
　とくに内科検診は、学校によっては、男子は上半身裸、女子はブラジャーだけの状態で待機させられることもあったりするので、気まずいことこのうえないでしょう。
　保健室の先生に相談してみることはできませんか？
　相談するのがだいじょうぶかは、チェックリスト（112ページ）を参考にしてくださいね。
　相談することができなくても、交渉しだいでなんとかなるかもしれません。内科検診は順番を一番うしろにしてもらったり、どうしてもぬがなければいけないときには、ついたてを置いて、そのかげに入り、ひとりになってから服をぬぐという方法もあります。
　ほんとうは、だれもが安心して検診を受けられるシステムになるといいですよね。

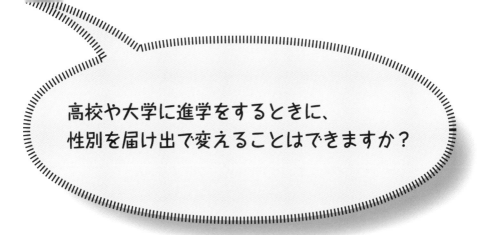

高校や大学に進学をするときに、
性別を届け出で変えることはできますか？

　2015年4月、文科省から「性的マイノリティの生徒に配慮するように」という通知があり、2016年4月には、その通知を徹底するために教職員向け資料が出されました。なので、配慮しようと動いてくれる先生も増えてきていて、戸籍・法律上の性別とちがう性別で扱ってもらえる場合はけっこうあります。
　けれどまだ、先生の認識や理解度に大きく左右されてしまいます。未成年の場合は、親の了承を得られるかを重要視されることが多いのですが、親にカミングアウトするのはリスクも大きいので、しっかり考えてくださいね（第5章を読んでください）。
　親の理解があっても、先生から診断書をもってくるように言われることもあります。

診断書をとるには、お金も時間もかかります。診断書なしでも対応してもらえるようにたのんでみるといいと思います。

　そのときは、文部科学省から出ている通知や資料の内容を先生に確認してください。そのことを知らない先生もまだまだいます。

＊＊＊＊＊＊＊＊＊＊＊＊＊＊＊＊＊＊＊＊＊＊＊＊＊
「性同一性障害や性的指向・性自認に係る、児童生徒に対するきめ細かな対応等の実施について（教職員向け）」

文部科学省　2016年4月1日公表より抜粋

　悩みや不安を受け止める必要性は、性同一性障害に係る児童生徒だけでなく、いわゆる「性的マイノリティ」とされる児童生徒全般に共通するものであることを明らかにしたところです。

　学校生活の各場面での支援について
・医療機関を受診して性同一性障害の診断がなされない場合であっても、児童生徒の悩みや不安に寄り添い支援していく観点から、医療機関との相談の状況、児童生徒や保護者の意向等を踏まえつつ、支援を行うことは可能であること。
＊＊＊＊＊＊＊＊＊＊＊＊＊＊＊＊＊＊＊＊＊＊＊＊＊

　つまり学校の先生は、性同一性障害と思われる児童生徒だけではなく、LGBT全般に配慮する必要があるのです。性同一性障害と思われる児童生徒の場合、診断書がなくても支援できます。

　また、保護者に伝えなくても、学校の中では体操服で過ごすとか、男女に関係なく「さんづけ」でよんでもらうとか、先生が理解してくれたら、日常で変えられることもあります。

トランスジェンダーだと、病院で困る
ことはありますか？
入院は男女で分かれていますよね？
それを変えることはできるんですか？

　トランスジェンダーの人は、保険証に書いてある性別と見た目の性別がちがっていると、病院で何度も確認されていやな思いをしたりします。見た目の性別とはちがう、フルネームでよばれるのがいやだったり、性別特有の病気の検診を受けるとき、婦人科や泌尿器科にかかるのはすごくハードルが高いですね。LGBの人も、たとえば問診票で「性行為の経験」という項目があると、同性同士の性行為について正直に答えるべきかどうか悩んだりします。

　しかし、どんな人も健康に生きるために、医療の専門家の力を借りることはできるんです。医療者には、患者の情報をばらさないようにする守秘義務があります。だからカミングアウトするハードルや危険は、一般の人に対してよりは低いので、思い切って話してみるのもありですね。また、困ったときやおかしいと思ったときは遠慮なく質問したり、「答えたくない」と言ってもよいのです。自分の健康を守る操縦席に座っているのはあなたなのですから。

　入院は、ただでさえ何人もの人といっしょにいてストレスがたまるのに、それが自分の思う性別とちがった扱いだと、よけいしんどいです。事情を説明すれば、仕切りのカーテンをなるべく開けないようにしてくれたり、気をつかってもらえることもあります。お金はかかりますが、日数が短いなら、個室にしてもらうのも手段のひとつです。

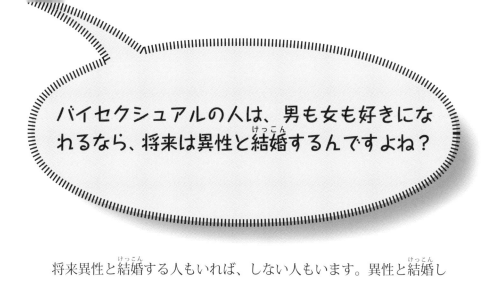

バイセクシュアルの人は、男も女も好きになれるなら、将来は異性と結婚するんですよね？

　将来異性と結婚する人もいれば、しない人もいます。異性と結婚していたけれど、別れて同性と暮らす人もいれば、反対の人もいます。
　あなたは、「結婚」をどうイメージしていますか？
　相手を親に紹介して、結婚式を挙げて、婚姻届を出して法的に認められる、いっしょに住んで、子どもをもつかもたないか考える……。
　これらのうち、今の日本では、「婚姻を法的に認められる」以外は、同性同士でできる可能性があります。日本では法律的に同性婚がみとめられていません。そのため、異性同士でカップルになったらもらえる相続や扶養家族に入れる制度などが使えません。また、多くの人が異性愛がふつうだと考えているので、同性同士で恋愛したりいっしょに暮らしたりすることには、多くの壁があります。
　だから、バイセクシュアルの人は、「異性を好きになれば苦労をしなくてすむ」とか「どうせ異性と結婚してしまう」と言われることもあります。けれど、バイセクシュアルの人は、同性愛だと損をするから、異性を好きになるわけではありません。
　好きになった人の性別で、社会的な地位が低くなったり、優位になったりするのはおかしなことだと思いませんか？　好きになった性別に関係なく、社会的にも制度的にも不公平さがなくなるといいなと思います。

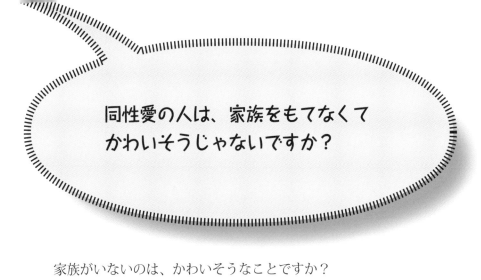

　家族がいないのは、かわいそうなことですか？
　私はそうは思いません。
　そもそも、家族ってなんでしょうか。
　いっしょに住んでいる人？　血のつながっている人？
　好きな人がいても、いっしょに住んでいない人もいます。
　血がつながっている家族とうまくいかなくて、家を出る人もいます。
　そして、気の合う人やパートナーといっしょに、共同住宅に住んでいる人もいます。
　同性愛の人も、そうじゃない人たちも、だれかといっしょに住む人もいれば、ひとりで生活する人もいて、人生の途中で何度も変化する場合もあります。
　どんな人たちと、どんな生活したいのか？　生活しているのか？　そしてそれが幸せなのか？　は人それぞれで、同性愛の人も、そうじゃない人も同じです。
　ちなみに、同性愛の人たちは、「自分たちは家族だ」ってたがいに思っていたりします。
　「この人と出会えて、自分は生きていてよかった」って思うような人が、ひとりでも二人でもいたら、私はすてきだなと思います。
　ただ、今の日本では、同性愛の人たちは、法律上は結婚はできない

し、子どもを二人の子として育てられません。でも、養子縁組をしたり、人工受精をして、子どもをもてる国はすでにあります。テレビで観たことはありませんか？　私が観たのは、女性二人の親に、人工受精をして産んだ二人の子どもの四人家族。幸せそうに暮らしていました。

　日本でも、それぞれの人の希望がかなえられる制度が整えばいいと思います。

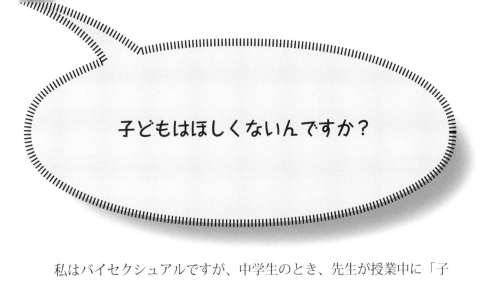
子どもはほしくないんですか？

　私はバイセクシュアルですが、中学生のとき、先生が授業中に「子どもを好きじゃない人、手をあげて」と、女子にだけ聞いたことがありました。手をあげたのは私と二人だけ。子どもってよくわからないから好きじゃありませんでした。
　20代のころは、子どもを育てたい人には育てられる環境が作られたらいいな、と思っていました。
　30歳になって、自分がじつは子どもを育ててみたいと思っていることに気づきました。なぜなのかは考えても考えてもよくわかりません。子どもと手をつないでいる映像を浮かべるとただただ涙がでます。
　そのとき、私にはパートナーはいなかったし、シングルで産み育てることを考えはじめました。本やSNSを紹介してもらい、いろんな情報を集めたり、気持ちの整理をしました。今は、小さな小さな手と、手をつないでいます。

　私は、おおむねレズビアンですが、子どもが苦手です。周囲の人が産んだ子どもを見てると、子どもが生まれるってすごいことだなぁとか、成長していく力の強さがまぶしいなぁとか、親もたいへんだったろうなぁとか思います。自分が産む気はないんだけど、子どもを見守りたいです。

私は、トランスジェンダーですが、あまり子どものことを考えたことはありません。
　LGBTを抜きにしても、子どもがほしい人や、子どもはいらないかなって思う人とか、そもそもいろいろですよね。
　「将来は、子どもとキャッチボールするんだ」とハッキリ思い描いている人もいれば、「子どもをもてそうなタイミングで考える」って人もいます。
　「自分は独身のままがいい」って人もいます。
　LGBTの場合も、同じように、人によって気持ちがちがうと思いますよ。

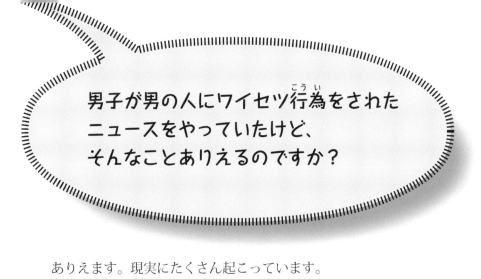

　ありえます。現実にたくさん起こっています。
　男子が性被害にあったときは、加害をした人の6〜8割が男性です。逆に、女子に性加害をする女性もいます。
　すると、そういう加害をする人は同性愛者だと決めつける人がいますが、それはまちがいで、多くが同性愛者ではありません。
　ではどうしてそんなことをするかというと、性的な欲求を満足させたいというよりも、暴力、つまり相手を支配しコントロールして、自分の有能感を満足させたいという欲求が大きいからなんです。
　この「支配したい」という動機は、じつは異性間の性暴力も同じです。しかも、「性」を手段に使うと、目的が達成しやすいことを加害をした人はわかって行動しているんです。だから、よりコントロールしやすい子どもがねらわれます。まったくひどいことです。
　それから性的ないじめの場合も、同性の仲間やクラブの先輩がすることが多いです。これも目的は同じです。
　どちらもゆるされるべきことではありません。もし、被害にあった人が近くにいたら、巻末の相談窓口を紹介してあげてくださいね。

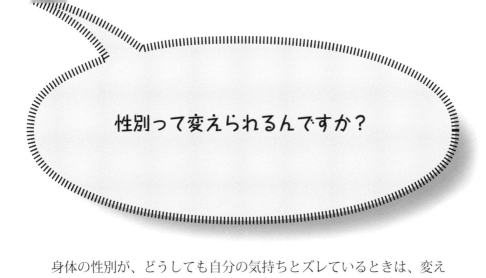

性別って変えられるんですか？

　身体の性別が、どうしても自分の気持ちとズレているときは、変えることができます。
　「え！　どうやって？」と思うかもしれませんね。
　病院に行って、自分の状況（じょうきょう）をくわしく話したあとには、希望する性別に外見を変えるための薬や手術を受けることができます。
　女に生まれた人にもヒゲを生やすことができるし、男に生まれた人でも胸をふくらませることができます。
　新しい性別に合うように、下の名前（ファーストネーム）も変えられます。希望の性別で仕事につくこともできます。
　また、一定条件をクリアすれば、法律上でも、性別を変えることができるんですよ。

　もっと具体的に説明します。
　身体の性別を変えるには、ホルモン療法（りょうほう）や手術などがあります。
　女性に生まれた人の場合には、男性ホルモン剤（ざい）を定期的に体に入れると、声変わりや筋肉の増加、ヒゲが生えてくるなどの外見上の変化がおきます。また生理が止まります。
　男性に生まれた人が女性ホルモン剤（ざい）を使うと、体つきが丸くなり、胸がふくらんできて、精子が作れなくなります。

性器の形を変える手術（性別適合手術）や、胸の手術でも、体つきを変えられます。
　これらの医療的な行為は、病院で2人の精神科医から「性同一性障害」の診断を受けた後に、きちんとした健康チェックのもとに行うことができます（この後のページを見てね）。
　また、性別を変えるには、身体を変える以外の方法もあります。
　服装や髪型を変えたり、よばれる名前を変えることで、周りからの扱われ方はある程度変わります。
　病院に通うのには時間がかかりますが、髪型なら1日で変えられますね。また、友だちに「自分はこんな性別で生きたいんだ」と話すことで、接し方を変えてもらうこともできます。
　自分がどんな性別で生きたいかを確かめるには、病院に行くよりも、日常生活でいろいろ試すほうがヒントになるかもしれません。
　なお、日本では、性別適合手術を受けているなどの一定の要件をクリアすれば、戸籍上の性別を変えることもできます（98ページも見てね）。

◆医療で身体を変える

　トランスジェンダーの人のなかには、自分の身体を希望する性別に近づけたいと願う人たちがいます。
　男の子に生まれたけれど、女性の身体のほうが自分らしい。
　女の子に生まれたけれど、男性の身体のほうがしっくりくる。
　そんな場合には、一定のプロセスを経れば、身体を変えることができます。

（1）まず、よく考えよう

　「よし、身体を変えたい！」と思いたったらすぐ、だれでも変えられるというわけではありません。薬を使ったり手術を受けたりすれば、後戻りできない変化が起きたり、望んでいない副作用が起きることもあります。周りの人にも、どうして見た目が変わっていくのかを、説明することになるかもしれません。だから、よく考える必要があります。
　現在の日本では、2人の精神科のお医者さんから「性同一性障害である」という診断を受けた場合に身体を変えられると、ガイドラインで決まっています。
　専門のお医者さんにかかり、自分の性別についてどうとらえているのか、心配なことはあるか、などの話をします。いくつか、こころや身体の検査をします。身体を変えなくても、好きな髪型や服装、自分の希望の性別で扱ってもらえるかもしれないことについて、考えてみます。
　そのうえで、「身体を変えたい」とはっきり思っている場合には、次のステップに進みます。

（2）薬で外見を変える（ホルモン療法）

　15歳以上であれば、ホルモン療法といって、特別な薬を使って外見を「希望の性別に近づける」ことができます。未成年者の場合には、保護者が「いいよ」と言ってくれることも条件になります。

　ホルモン療法では、「身体の性」とは異なる性別のホルモンを投与します。女性に生まれた人には男性ホルモン、男性に生まれた人には女性ホルモンを定期的に投与します。注射や飲み薬があります。ホルモン療法の効果には個人差がありますが、基本的には以下のような変化が身体に現れます。

●FTM（女性に生まれて、男性として生きたい人）におけるホルモン療法
・生理が止まる　・声変わりが起きる　・筋肉量がふえる
・陰核（クリトリス）が肥大する　・ヒゲや体毛が濃くなる
・性欲が強くなる　　・乳腺組織が萎縮する
＊こんな副作用の可能性があります
・ニキビが増える　・頭髪がハゲる　・多血症や高脂血症などのリスクが
　高まる

●MTF（男性に生まれて、女性として生きたい人）におけるホルモン療法
・精巣の萎縮、精子の産生低下（今後子どもが作れなくなる）
・乳房、乳首が大きくなる　・脂肪がつき、体つきが丸くなる
・皮膚がなめらかになる　・体毛が薄くなる
・性欲が減退する、勃起しなくなる
＊こんな副作用の可能性があります
・血栓症、高トリグリセリド血症、高血圧などのリスクが高まる

（出典：世界トランスジェンダーヘルス専門家会議（WPATH）による「トランスセクシュアル・トランスジェンダー・ジェンダーに非調和な人々のためのケア基準（第7版）」、2012年）

ホルモン療法で起きた変化は、もとに戻すことはできません。また、副作用もあります。一度はじめたら、基本的にはずっと薬を続けなくてはいけないので、ホルモン療法をするかどうかは、よく考えて決めます。もしやると決めたら、定期的に血液検査を受け、健康状態を確かめます。

（3）手術で外見を変える

　ふくらんだ胸をとったり、性殖器の形を希望の性別のように変えたりする手術です。現在の医療では、完ぺきに希望の性別に身体を近づけることはむずかしいですが、手術をしてようやく安心して生きられるという人もいます。いちど性別適合手術をおこなうと、元通りの身体にするのはむずかしいので、よく考えてから決めます。

　この手術には保険がきかないので、何十万、何百万といった手術費が必要になることがあります。

※他にも、二次性徴（胸がふくらんだり、声変わりがきたり）を止めるために使う薬もあります。これは、15歳以下の人でも使えます。

◆法律上の性別を変える

　日本には、「性同一性障害者の性別の取扱いの特例に関する法律」（いわゆる「特例法」）があります。
　この法律では、一定の要件をクリアした人は、戸籍上の性別を変更できるということが定められています。
　2003年に、この「特例法」ができるまで、トランスジェンダーや性同一性障害の人たちは、希望する性別での生活を送っていても、戸籍上の性別を変更することはできませんでした。もうすっかり男性や女性にしか見えなくなっていても、もともとの性別の身分証で暮らしているので、就職するときも、家をさがすときにも、いちいち「あなたの性別は、いったいどちらですか？」と、変な目で見られなくてはならず、みんな、とても苦労していたのです。
　そんな不便さを解消するために制定されたのが「特例法」です。
この法律によって、いくつかの要件をクリアした人は、晴れて戸籍上の性別が変更できるようになりました。

●希望する全員が戸籍の性別を変えられるわけではない
　「特例法」には、戸籍の性別を変更するための要件がいくつも出てきます。
　まず、いま結婚している人は、相手と離婚しなくてはならなくなります。夫が女性になったら、女性どうしで結婚していることになり、妻が男性になれば、男性どうしで結婚していることになります。でも、いまの日本は同性婚を法律でみとめていないので、「結婚をとるか、戸籍上の性別をとるか」の二択を迫られてしまいます。
　さらに、未成年の子どもがいたら、法律上の性別を変えられません。

「親が性別を変えたら、子どもがかわいそう」というのがその理由だそうですが、子どもがかわいそうかどうかは、子どもにきいてみないとわかりません。「親に幸せになってもらえたほうがいい」と思っている子どもも実際にいるのですが……。

きわめつけは、手術をしないといけない、ということです。

トランスジェンダーの中には、服装や髪型を変えたり、周りの人にわかってもらえたりすれば、十分、希望の性別でやっていける人はいます。ホルモン療法を受ければ外見も変わります。

でも、手術しないと、戸籍の性別は変えられないので、「ほんとうはしたくないけど、しょうがないから」と手術を受ける人たちもいます。

近年では、アルゼンチンやイギリスなど、手術をしなくても法律上の性別を変更できる国がふえています。

また、2014年5月には世界保健機関（WHO）が、「トランスジェンダーの人たちに手術を強制してはならない」という勧告を出しました。日本もこれから変わっていくことでしょう。

第5章

カミングアウト

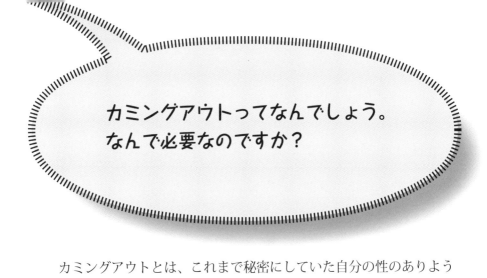

カミングアウトってなんでしょう。
なんで必要なのですか？

　カミングアウトとは、これまで秘密にしていた自分の性のありようを表明することです。
　カミングアウトには2段階あって、1段階目は自分へのカミングアウト、2段階目は周囲（家族・友だちなど）へのカミングアウトです。

1．自分へのカミングアウトは、自分のセクシュアリティを自分で理解し、受け入れることです。
　ありのままの自分でいいんだとみとめ、生きるうえでの力を得ることができる、というメリットがあります。

2．周囲へのカミングアウトは、もし、あなたが「必要」を感じていなかったり、したいと思っていないのなら、する必要はまったくありません。自分が、したいな、と思ってからカミングアウトを考えましょう。

　「カミングアウトとアウティング」（109ページ）、「カミングアウトをしようと思ったとき」（113ページ）も読んでみてくださいね。

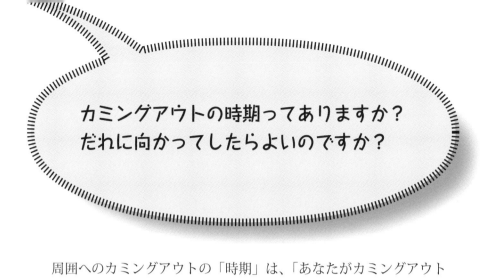

カミングアウトの時期ってありますか？
だれに向かってしたらよいのですか？

　周囲へのカミングアウトの「時期」は、「あなたがカミングアウトしたいとき」です。
　もうちょっとアドバイスするなら、自分のセクシュアリティを、わたしはこれでいいんだと、受け入れられてからがいいと思います。
　まずそこで悩んでいるのなら、周囲にカミングアウトする前に、専門機関に相談するのもよいと思います（121ページ〜を見てね）。
　「だれに」向かってというのは、「自分がカミングアウトしたい人に」ということになります。
　これも、ちょっとアドバイスするなら、最初のカミングアウトは、自分を傷つける可能性の少ない人、みんなに言いふらす可能性が少ない人を選ぶことです。
　チェックリスト「相談できる人をさがそう！」（112ページ）も参考にしてください。

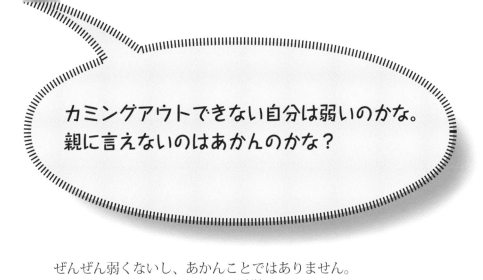

ぜんぜん弱くないし、あかんことではありません。
　今の世の中にはLGBTに対する偏見や差別があるから、カミングアウトすることにはリスクがあります。そういうリスクをわかったうえで、それでも自分がカミングアウトしようと思ったら、したらいいのです（113ページの「カミングアウトしようと思ったとき」を見てください）。
　でもじつは、あなたは、カミングアウトをして生活するのはたいへんだと、気づいているのかもしれません。そして、たいへんなことを乗りこえてカミングアウトすることが、かっこうよく思えるかもしれません。親にカミングアウトしないなんてありえない、と思っているかもしれません。
　たしかに、カミングアウトして、親に受け入れられる人もいるでしょう。でも、カミングアウトしたことで、親から縁を切られたり、家から出してもらえなくなる人もいるんです。
　ポイントは、あせってカミングアウトしちゃだめってことです。
　そして、カミングアウトは、自分の弱さとか、えらさとかとは関係ないってことです。

うちの学校は先生も理解あるし、
クラブに同性でつきあっている先輩もいます。
性教育でＬＧＢＴについて習ったあと、親に
打ちあけたらわかってくれませんでした。
「日本にもたくさんそういう人がいるんだ
よ」と言ったら、「それはわかっているけど、
うちにはいてほしくない」と言われました。
これからぼくはどうしたらいいんだろう。

　まず、よくたたかいました。自分を誉めてあげてください。

　あなたがなにをどう打ちあけたのかわかりませんが、一生懸命に話
したのに、家にはいてほしくないって、ひどいよね。

　でも、残念なことに、私が講師としてよばれていった先にも、そう
いう人がいました。私の話は聞いてくれたけど、「やっぱり男同士は
気持ち悪い」とか、「女同士なら見てみたい」とか。

　そのとき私は、「あなたには同性愛に対するフォビア（嫌悪感）が
ありますが、それはあなただけの責任ではなくて、この社会がLGBT
に対してそういう扱いをすることを容認してきたからです」と言いま
した。もちろん、こころの中では、この人、なんの疑問もなく世間の
思いこみにはまっていてダサいわとか、失礼だとまったく思わないな
んて非常識、とか、思いつくかぎりののしりました。

　でも、そういう人ってけっこう多いのかもしれません。

　そういう人がいない社会を作っていきたいけど、現状はまだまだで
す。しかし、フォビアに対して、ひとこと言える人が増えていけば、社
会は変わります。あなたも、そういう人になってくれたらうれしいです。

最後に、あなたが次のような状況になっていないか、チェックしてください。

□親に説教される。
□親は目を合わせてくれない。
□親は話しかけてこない。もしくは無視する。
□親がごはんを作ってくれなくなった。
□インターネットが使えなくなった。
□親にパソコンやスマホを取り上げられた。
□学校以外、外に出してもらえなくなった。
□家を追い出された。

　もし当てはまることがあったら、121ページ〜の相談先に連絡しましょう。
　もし余力があったら、親にも121ページ〜の相談先を紹介するといいでしょう。時間がかかるかもしれませんが、あなたと親の関係がよくなることを祈っています。

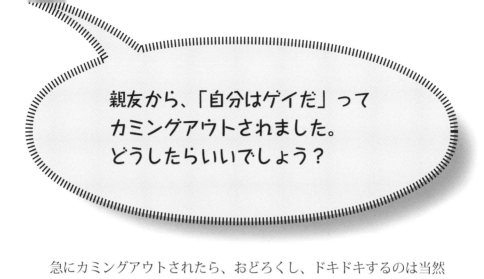

親友から、「自分はゲイだ」って
カミングアウトされました。
どうしたらいいでしょう？

　急にカミングアウトされたら、おどろくし、ドキドキするのは当然です。でも、親友はもっとドキドキしているんです。
　だから、落ちついて。できるだけ冷静に聞くことが大事です。もし、あなたがパニックになったら、親友はもっとパニックになるでしょう。
　親友は、きっと、今まで、悩んで、いろいろ考えて、カミングアウトすることにしたのでしょう。
　あなたにも、いろいろ質問したい気持ちがあるでしょうけれど、とにかくまずは、じっくり話を聞いてください。そして、

（1）あなたを信頼して、カミングアウトしてくれたことに、感謝の言葉をかけましょう。
　カミングアウトする人は、だれが信頼できるか、じっくり考えてカミングアウトする相手を選んでいます。あなたが、親友のことを親友だと思っているように、親友もあなたのことを親友だと思って、信頼できると思ったから、カミングアウトしたのです。そのことに、「ありがとう」と応えましょう。

（2）「このこと、だれとだれに言ってるの？　だれに言ってもいいの？」と確認しましょう。

本人の許可なく、カミングアウトされたことを話すのは、「アウティング」といって、よくない行為です。うっかり、秘密を知らない人の前で話題にしたりしないように、十分に気をつけましょう。

（3）「何かできることがある？」と、聞いてみましょう。
　けれど、親友にお願いされたからって、全部あなたが引き受けなければならないわけではありません。むしろ、むずかしいなと思ったら、「それは、わたしにはむずかしいな。どうしたらいいか、いっしょに考えようよ」と、提案しましょう。

（4）この『LGBTなんでも聞いてみよう』を親友にすすめてみましょう。そのとき、こんなところもあるよ、と「相談機関（121ページ〜）」「コミュニティースペース（124ページ〜）」の情報を伝えるのもいいと思います。

◆カミングアウトとアウティング

（1）ことばの意味
・**カミングアウト**（Coming out）：これまでだれにも言っていなかった自分の秘密を、話すこと。
・**アウティング**（Outing）：他人の秘密を、本人の許可なく別の人に言うこと。

　セクシュアリティにかかわることであれ、かかわらないことであれ、だれでも秘密にしていることはあります。なにを秘密にしているか？　なんで秘密にしているか？　秘密の内容も理由も、人それぞれです。小学生のころ、ひとつも秘密がなかった人でも、中学生になり、高校生になると、秘密ができることはよくあります。
　「カミングアウトを受けた場合」「偶然知った場合」などで、他人の秘密を知ってしまうことがあります。どんな場合でも、秘密にしている人は、その人なりの理由があって秘密にしています。
　他人の秘密を知った場合には、うっかり話してしまわないように（アウティングしないように）、特別に注意しましょう。

（2）カミングアウト
◆2つのカミングアウト、そして、カミングアウトのむずかしさ
　カミングアウトには、2段階あると言われています。
　カミングアウトの第1段階は、自分自身へのカミングアウト、「自分の性のありようを、本人が受け入れること」であると言われています。この自分へのカミングアウトを困難にしている理由としては、周囲のLGBTの人に対する否定的な意見（「LGBTはダメな人たちだ。」といった意見）を、本人自身が取り込んでいることが考えられます。
　第2段階は、周囲（家族・友だちなど）へのカミングアウトです。周

囲へカミングアウトを困難にしている理由には、いじめられたり、差別されるかもしれない、という不安などがあります。

◆カミングアウトのメリット

　自分へのカミングアウトができるということは、ありのままの自分でいいんだとみとめられるということです。それによって、生きる上での力を得ることができます。

　また、周囲へのカミングアウトができ、それが受け入れられたなら、異性愛者であることを前提にした言動（「彼（彼女）はいるの？」「どんな異性がタイプ？」など）を受けて傷つくことがなくなる、親しい人間にほんとうのことが言えない心苦しさや、だましているように感じる罪悪感から解放される、といったメリットが考えられます。

◆カミングアウト、するも、しないも、自由！　そして、くれぐれも慎重に！

　カミングアウトをするもしないも、本人の自由です。また、ひとりにカミングアウトしたからといって、みんなにカミングアウトする必要はありません。

　周囲へカミングアウトできないことに対して、否定的な感情（臆病だ、卑怯だ、など）を自分に対してもつ LGBT の人も多いのですが、カミングアウトは権利であって義務ではありません。するもしないも本人の自由なのです。

　また、現在の世の中、ほんとうに残念なことですが、LGBT の人に対して、まだまだまちがった意見、否定的な意見をもった人たちがたくさんいます。そんな人の意見を変えるのはとてもたいへんなことですので、まずは、この人たちへのカミングアウトは避けるようにしましょう。「この人に言ってもだいじょうぶなのか？」と十分に考えて、カミングアウトする相手を選びましょう。

　それらのことを、十分に理解したうえで、もしするなら、いつ、だれに、

どんな場面設定（相手が落ちついてゆっくり聞ける時間・場面）でカミングアウトするか、じっくり考えて実行するようにしましょう。

（3）もし友だちから、カミングアウトされたら？

　もし、あなたが、友だちにカミングアウトされたら、まず、落ちついて、ていねいに聞いてください。

　友だちは、あなたを信頼して、カミングアウトしたのです。その信頼に感謝の言葉をかけましょう。

　そして、「このことは、だれとだれに言ってるの？　だれに言ってもいいの？」と聞きましょう。本人の許可のない人に、本人の秘密を話すこと（アウティング）は、よくない行為です。うっかり、秘密を知らない人の前で話題にしたりしないように、十分な配慮が必要です。

　ただ、秘密にしていることがしんどくなったら、相談機関（121 ページ〜）を利用しましょう。電話相談では、あなたの名前も友だちの名前も言う必要はありません。安心して、相談してください。

チェックリスト
◆相談する人をさがそう！

☐ LGBT 電話相談の人
全国に電話相談があります。「自分は LGBT かも？」「制服いやだ！」「好きな人と別れちゃった」など、気になったことを相談できますよ。いろんな電話相談があるし、相談には相性もあるから、「あ、ここちょっと合わないかも」と思ったらやめて別の場所にかけても OK です。

☐ あなたがどうしたいのかいっしょに考えてくれる人
自分でもよくわからないことだから相談する。だから、話をきいてくれそうな人！　という自分のカンを信じてみましょう。話しながら、この人は、自分のもやもやにつきあってくれそうかな？　いっしょに考えてくれる人かな？　とさぐってみましょう。

☐ 説教や命令をしない人
普段から説教や命令するおとなは、このことについても「若いからそのうち変わるよ」とか「やめなさい」と言うかもしれません。

☐ 性教育について考えていて、性の多様性の話をする先生
性の多様性の話をする先生は、教室に多様な人がいることを知っています。もしよかったら相談してね、のサインかもしれません。

☐ もしいやがられても毎日会わなくてすむ人
残念なことだけど、相談したらいやがる人もいます。相手の反応は未知数だから、もし、今までだれにも言ったことがないなら、毎日会う人をひとり目に選ぶのは避けましょう。よくない反応だったときしんどいでしょうから、まずは、上に挙げた人たちに相談してみましょう。

◆カミングアウトをしようと思ったとき

「いままで、みんなにないしょにしてきたけど、自分のセクシュアリティを言ってしまおう」「カミングアウトしよう」と、思ったとき、下の手順にしたがって、準備をしてください。

その前に、「カミングアウトとアウティング」（109 ページ）で、書いたことをもう一度確認しておきますね。

──カミングアウトをするもしないも、本人の自由です。また、ひとりにカミングアウトしたからといって、みんなにカミングアウトする必要はありません。──

カミングアウトしている人がえらく見えたり、できない自分がダメに思えたりすることがあるかもしれないけれど、全然そんなことはないんだよ。

（1）自分のセクシュアリティのこと、まよったり、悩んだりしていませんか？

もし、まよったり、悩んだりしているのならば、それはかなり混乱した状態です。いま、カミングアウトをすると、その混乱をそのまま伝えることになって、カミングアウトを受けた人も混乱してしまいます。まずは専門の相談窓口（121 ページ〜）に電話して、自分の気持ちと考えを少し整理しましょう。

（2）だれにカミングアウトしようと思っていますか？

ひとりにカミングアウトしたからといって、全世界にカミングアウトする必要はありません。だれにカミングアウトするかについても、ちゃんと考えましょう。

また、その相手が秘密を守れないと思われるような人であれば、ひとりにカミングアウトすることで、周りにも知られてしまう危険性が高い

ことは考えておきましょう。

（3）カミングアウトの準備

　カミングアウトしようとしている「理由」と「目的」と「伝えたい内容」をちゃんと言葉にして、メモしましょう。

理由：「なぜ、カミングアウトしようとしているか？」です。どんな気持ちから？　なぜカミングアウトしようとしているか、自分の気持ちをちゃんと把握しておきましょう。

　たとえば、「カミングアウトしたほうがえらいから」といった気持ちからだったら、もう少し考えてみたほうがいいでしょう。

　また、そこに、「しんどさ」や「怒り」や「不安」はないですか？　ある場合は、相談機関（121 ページ〜）に電話してみることをおすすめします。

目的：カミングアウトをして、どうなりたいかという自分の気持ちをちゃんと把握しておきましょう。
A）ただ伝えたい
B）理解してもらいたい
C）それ以外に、目的（援助してほしい等）がある
　3つのうちのどれ？

伝えたい内容：いろんな思いをありったけ入れるのではなく、シンプルな内容にして、1つか2つにしぼりましょう。

　あなたが長い間、自分のセクシュアリティを秘密にしてきたのであれば、その間、いろいろ考えたり、悩んだりしてきたわけで、その時間分だけの思いが積みかさなっているはずです。でも、カミングアウトを受ける人にとっては、初めて聞く話で、初めて考えることがほとんどです。だから、最初に伝えることは、シンプルな内容で、1つか2つにしぼる

114

のがよいのです。

　さあ、「理由」「目的」「伝えたい内容」のメモはできましたか？

（4）カミングアウト

状況と場所の確保：相手がゆっくり聞けると思われる状況で、自分がカミングアウトするのに適切だと思う場所（安全だと思う場所）を確保しましょう。

　そのうえで、「聞いてほしいことがあるんだけど、今いい？」と声をかけて、OK だったら、カミングアウトをしましょう。

＊相手になにか重要な用事がある前や、相手がつかれてヘロヘロなときは、避けましょう。

＊あるいは事前に、「明日、＊＊の後に、話があるんだけど聞いてもらえる？」と予約したほうがいいでしょう。

　最初にメモの「目的」を見て、カミングアウトを始める前に、たとえば次のように伝えましょう。

A）「ただ伝えたい」場合：

　「今日は、ただただ聞いてもらいたいんだ。質問したいこと、たくさん出ると思うけど、それはまたあとにしてね」

B）「理解してもらいたい」場合：

　「わたしの話を、まず聞いてね。聞いた後で、わからないことはなんでも質問してね」

　カミングアウトをすると、自分でもわからないこと、考えてないこと、まよっていることを質問されることがあります。その場合は「そのことはまだわからない」「それは考えてなかった」「その部分はまだまよっているの」と、答えましょう。

　また、一般的な質問に答えるように、資料（たとえばこの本）を用意しておいて、「その部分については、これを読んでね」と渡すのもいいでしょう。

C) 「それ以外に、目的（援助してほしい、等）がある」の場合：

「困っているので、助けてもらいたいことがあります。助けてもらいたいことの話は後でするので、まずは、カミングアウトをするので聞いてください」

次に、メモを見ながら、メモに書いてあること（だけ！）を伝えましょう。

再度確認しますね。カミングアウトをしようと思っている時点ではたくさんの思いをかかえているので、あなたは、たくさん話したくなるでしょう。でも、伝える内容は、シンプルな内容で1つか2つ、それをていねいにくり返し言うようにしましょう。

（5）「積み重なった思い」は？

カミングアウトのとき、たくさんの思いを一気に話しても、相手の理解できる量を超えてしまうと何度も伝えました。でも、それじゃあなたのあふれる思いはどうしたらよいか……。そのときは、ぜひ、相談機関（121ページ〜）を利用して聞いてもらいましょう。

「なんの相談ですか？」と聞かれたら、「今までだれにも言えなかったことを、聞いていただけますか？」と言いましょう。

先生へのお願い
◆生徒からカミングアウトを受けた場合◆

　生徒から「じつは同性が好きなんだ」「性別を変えたいと思っている」といったカミングアウトを受けた場合、次のことをお願いします。

（1）アウティングについて（109ページ～の「カミングアウトとアウティング」をご参照ください）

　私たちは、よく、学校の先生向けの講座を行います。そのときに、強調することのひとつは、「アウティングしないようにしてください」ということです。

　ただ、学校のルールで情報の共有が求められている場合もあると思います。その場合は、まず、セクシュアリティはとても取り扱いに注意を要する情報であるという認識を学校全体で共有して、情報共有の範囲を最低限に留めるよう、特別なルールを設定してください。

　たとえば、「伝える相手は、学校長と養護教諭だけにして、そこから情報が漏れることのないようにする」といったルールです。

　また、生徒の話を聞くときには、カミングアウトが始まった瞬間に、「ちょっと待って」と言って、まずこのルールについて生徒に説明しましょう。

（2）生徒の話をしっかり聞く

　まずは、質問などをはさまずに、生徒が話すことを、ただただ聞いてください。

　聞いて記憶する自信がないときは、「メモをとってもいい？」と確認して、OKの場合は、メモを取るようにしてください。

（3）何かしてほしいことがあるかを確認する

　いま、各学校には、文部科学省から、対応マニュアルが配布されてい

ます。ただ、このマニュアルは対応の一例であって、それが、それぞれの生徒の望みと一致しているわけではありません。その生徒の希望を聞いてください。

そして、可能なことは実施し、実現がむずかしいことは、生徒といっしょにいろいろ工夫してください。よいアイディアが出ない場合は、相談機関（121 ページ〜）に相談してください。

（4）だれに話していいか確認する

（1）で説明したルールをくり返したうえで、他に伝えていい相手を確認します。とくに、保護者に伝えていいかどうかは、しっかり確認してください。

（5）クラス（学年・学校）全体へのカミングアウトについて

カミングアウトした生徒は、気分が高揚していたり、追いつめられていたりして、クラスのみんなにカミングアウトすることを希望するかもしれませんが、クラスに十分に受け入れる体制が整っていない場合、本人が傷つく危険性があります。

そういったリスクを説明するとともに、もし、クラスのみんなへのカミングアウトを希望する場合は、まずクラスで LGBT に関する学習会を行うこと、それからカミングアウトしたらどうかと提案してみましょう。その場合、学習会を開いたからといってクラスにカミングアウトする必要があるわけではないことを説明するとともに、学習会を開いた後で、クラスの反応を見て、このクラスでカミングアウトができそうかどうか、いっしょに考えることを提案してみましょう。

また、クラスでカミングアウトすることは、そこから学校全体へ、さらに学校外に広まることにもなることを生徒に説明してください。

（6）カミングアウトした生徒へのアドバイス

どうぞ、この本を勧めてみてください。

また、相談機関やコミュニティスペースを示して、「利用してみてはどう？」と提案してみてください。

その他：まずは、LGBT 等について、先生が学んでください。
　この『LGBT なんでも聞いてみよう』をテキストとして、ご利用ください。
　また、QWRC（127 ページ）では、研修の依頼を受け付けています。どうぞ、ご相談ください。

家族へのお願い
◆子どもやきょうだいからカミングアウトを受けた場合◆

「じつは同性が好きなんだ」「性別を変えたいと思っている」
突然のカミングアウトを受けて、どうしていいかわからない。
　あるいは、うすうす気づいていたけれど……。という親御さんやきょうだいのあなた。
　混乱したり、ショックを受けたり、自分のせいだと思ったり、恥ずかしいと思ったり、「その人」がこわれていってしまうようだと感じたり、これからどうなるんだろうと恐怖をおぼえたり……。あるいは不可解だったことがようやくわかって安心した、という気持ちになるかもしれません。
　でも、あなたはひとりではありません。世界中で何万人もの人たちが、同じような体験をしてきました。ちょうど、あなたの今の気持ちと同じようなことを思い、わからないことや不安を抱き、それを乗りこえてきました。
　「その人」のことも大切ですが、あなたも大切です。今すぐ理解や受容ができなかったとしても、それも大切なプロセスです。

「PFLAG（http://community.pflag.org）」という海外の団体のメッセージを参考にして、大切なことを3つだけお伝えします。

①あなたはひとりではありません

あなたも、「その人」も、ひとりではありません。同性が好きな人は、人口の3〜5％程度存在すると言われています。生まれたときの性別に違和感のある人は、人口の0.3％程度存在すると言われています。

言葉に出さないかぎり、外からは「見えない」だけで、日本中にも、世界中にも、たくさん「その人」と同じような人はいます。それと同じだけ、家族の数も存在しています。

②あなたのせいではありません

ある人が、なぜ異性を好きになり、あるいは同性を好きになるのか、人の性別がどのようにして決まるのか、はっきりとした仕組みは解明されていません。

しかし、膨大な調査からわかっていることは、保護者の育て方や、どんなふうに子ども時代を過ごしたのかということは、「その人」がLGBTであることとは無関係だということです。

あなたのせいではありませんし、だれのせいでもないし、そもそも悪いことでもありません。

③あなたは大切な人です

「その人」だけではなく、あなた自身もだれかに話を聴いてもらいましょう。時間をつくり、場所をみつけ、ほんとうの気持ちを話してもだいじょうぶだと思える相手と連絡をとりましょう。家の中で息がつまりそうなら、「その人」から離れられる時間をつくりましょう。

同じようなプロセスをたどっている人たちのために、「家族のためのグループ」が運営されています。また、ご家族向けの電話相談もあります。あなたの気持ちや不安、混乱と同じような気持ちを、他の家族も体験しています。タイミングをみて連絡をとってください。

◆相談機関◆

★ NPO 法人 QWRC（くぉーく）
● にじいろ Q LINE 相談
にじいろ Q LINE 相談では、LGBTQ に関する悩みを受け付けています。
iD @q_line_soudan
　【日時】不定期（友だち登録をすると次回相談日がお知らせされます）
　【メール】info@qwrc.org　【サイト】http://qwrc.org

★ NPO 法人 OCCUR（アカー）
● ヘルプ・ライン・サービス
同性愛、HIV ＋の当事者や周りの方からの相談
　【相談電話】03-3380-2269
　【日時】祝日を除く毎週火曜、水曜、木曜　20 〜 22 時
● 法律相談
同性愛や HIV 陽性者に関わる法律相談
　【予約電話】03-3383-5556　【予約日時】祝日を除く毎週平日 12 〜 20 時
　【サイト】http://www.occur.or.jp/

★ PROUD LIFE
● レインボーホットライン
セクシュアルマイノリティ本人や周りの方からの相談
　【相談電話】0120-51-9181　【日時】毎週月曜　19 時〜 22 時
　【サイト】http://www.proudlife.org/

★ AGP ON LINE（同性愛者医療・福祉・教育・カウンセリング専門家会議）
● 電話相談「こころの相談」／同性愛者本人やその家族の悩み、こころの問題
　【日時】毎週火曜　20 時〜 22 時　【相談電話】050-5539-0246
　【サイト】http://www.agp-online.jp/

★特定非営利活動法人 SHIP
● SHIP ほっとライン
自らのセクシュアリティや性別違和感について悩んでいる方や、周りの方からの相談
　相談電話】045-548-3980　【日時】毎週木曜　19 時〜 21 時
　【サイト】http://www.www2.ship-web.com/

★富田林人権教育・啓発推進センター
● にじいろホットライン
LGBT など性に関しての様々な悩み
　【相談電話】0721-20-0285　【日時】第 1・3 土曜　10 〜 15 時

★西宮市性的マイノリティ電話相談
　【相談電話】0798-68-6720　【日時】第 2 土曜日　10 〜 13 時
　【サイト】https://www.nishi.or.jp/bunka/danjokyodosankaku/tayousei_torikumi/
　LGBTQTEL.html

★尼崎市 LGBT 電話相談
　【相談電話】06-6489-6379
　【日時】第 4 火曜日（祝日・年末年始除く）　17 〜 20 時
　【サイト】https://www.city.amagasaki.hyogo.jp/kurashi/hataraku/danjo/1024654/
　1021559.html

★枚方市 LGBT 電話相談
　【相談電話】072-843-5730
　【日時】第 1 木曜日　15 〜 20 時（最終受付は終了 20 分前まで）
　【サイト】https: //www.city.hirakata.osaka.jp/0000023377.html

★芦屋市 LGBT（セクシュアルマイノリティ）電話相談
　【相談電話】0797-38-2111　【日時】第 1・3 火曜日　16 時 30 分〜 20 時 15 分
　【サイト】https://www.city.ashiya.lg.jp/jinken/lgbtsoudan.html

★よりそいホットライン

● 性別や同性愛などのセクシュアルマイノリティに関する相談（全国どこからでもかけられます）

【相談電話】0120-279-338（ガイダンスの後 4 番を選ぶ）

【日時】24 時間通話料無料　【サイト】http://279338.jp/

★ ESTO

● ESTO 電話／メール相談

LGBT や性分化疾患、アセクシュアルなどの本人や周りの方の相談

【相談電話】080-6049-8843【日時】平日 20 〜 22 時、土日祝 13 〜 22 時

＊できればメールでの事前予約をしてください

【メール相談】esto@estonet.info　【サイト】http://estonet.info

★ LGBT の家族と友人をつなぐ会

● 電話・メール相談

家族からのカミングアウト等についての相談

【相談電話】090-6055-2424

【日時】電話相談は随時（不在時は折り返し連絡）

【メール相談】family2006@goo.jp

●ミーティング

LGBT の当事者や家族、友人らによる会。だれでも参加できる。ミーティングは東京・神戸・福岡・名古屋で開催。詳しくはサイトを参照。

【サイト】http://LGBT-family.or.jp/

◆コミュニティスペース◆

★ NPO 法人 QWRC（大阪）
　【サイト】http://qwrc.org 【メール】info@qwrc.org

★スクランブルエッグ（青森）
　【サイト】http://gochamazetamago.main.jp/
　【メール】gochamazetamago@yahoo.co.jp

★そらにじ（青森）
　【サイト】http://soranijiamr.web.fc2.com/

★岩手レインボー・ネットワーク
　【サイト】http://ameblo.jp/iwaterainbownetwork/
　【メール】iwaterainbownetwork@gmail.com

★ LOUD　（東京）
　【サイト】http://space-loud.org/ 【メール】loud@space-loud.org

★ SHIP にじいろキャビン　（神奈川）
　【サイト】http://www2.ship-web.com/

★ PROUD　LIFE　（愛知）
　【サイト】http://www.proudlife.org/ 【メール】info@proudlife.org

★ G － FRONT 関西
　【サイト】http://www5e.biglobe.ne.jp/~gfront/index.html

★えひめ LGBT センター 虹力スペース
　【サイト】https://rainbowpride-ehime.org/shisetsu/index.html

【メール】rainbowpride777@gmail.com

★淀川区 LGBT コミュニティスペース
【サイト】http://niji-yodogawa.jimdo.com/
【メール】niji.yodogawa@gmail.com

★ FRENS（Fukuoka Rainbow Educational NetworkS 福岡）
【サイト】http://blog.canpan.info/frens/ 【メール】frensinfo@gmail.com

★ PROUD（香川）
【サイト】http://proud-kagawa.org

★ PROUD 岡山
【サイト】http://www.proudokayama.com/
【メール】proud.okayama@gmail.com

★一般社団法人にじーず
【サイト】http://24zzz-lgbt.com/
【メール】24zzzmail@gmail.com
10代から23歳までのLGBTやそうかもしれない人が無料で集まれる居場所作りを各地でしている。

◆参考になるサイト◆

★ハートをつなごう学校
【サイト】http://heartschool.jp/

★ 10 スタート
【サイト】http://www.10-start.com/

◆子どもを支援するおとなのためのリソース◆

★ NPO 法人 QWRC
【サイト】http://qwrc.org

★宝塚大学看護学部　日高庸晴さんの HP
【サイト】http://health-issue.jp/

★ NPO 法人　虹色ダイバーシティ
【サイト】http://www.nijiirodiversity.jp/

★新設 C チーム
【サイト】https://lgbtsougi.wixsite.com/newcteam

★教職員向け LGBT ハンドブック（大阪市淀川区）
【サイト】http://www.city.osaka.lg.jp/yodogawa/page/0000334762.html

★教職員のためのセクシュアルマイノリティサポートブック（性と生を考える
会・奈良教職員組合）
【サイト】http://www.jtu-nara.com/pdf/book_ver3_20151219.pdf

★ NPO 法人　ストップいじめ！ナビ
【サイト】http://stopijime.org/

★いのちリスペクト。ホワイトリボンキャンペーン
【サイト】http://ameblo.jp/respectwhiteribbon/

★ NPO 法人　LGBT の家族と友人をつなぐ会
【サイト】http://LGBT-family.or.jp/

◆ NPO 法人 Queer&Women's Resource Center ◆

★ QWRC（くぉーく）のいろいろな活動★

年末年始などお休みになる場合があります。お出かけ前に QWRC のホームページなどチェックしてね。

★QWRCデー＆ナイト

ナイト：第1木曜 19:00 〜 22:00
デー：第3土曜 14:30 〜 17:30

毎月開催。だれでも参加 OK！参加費 500 円（会員 400 円）お茶とお菓子付き。テーマなどに沿って、みんなで話したりします。聞いてるだけでも OK！

★メンヘル

毎週土曜
11:30 〜 12:30　参加費 300 円

LGBT など多様な性を生きる人で、メンタル面に悩みがある方のためのグループです。「言いっぱなし聞きっぱなし」のミーティングや SST や当事者研究をやっています。気軽に参加してみてね。

★カラフル

偶数月第2土曜
14:00 〜 16:00　参加費無料

大体 23 歳以下の LGBT や「そうかも？」と考えるユース向けおしゃべり会。「セクシュアリティって？」「恋愛」「カムアウト」などテーマに沿ったり（沿わなかったり）しておしゃべりします。
→ブログ http://colorful.qwrc.org

★こどもとおとなのお茶会

不定期（土日のお昼が多いです）
参加費：500 円（こども無料）

子どもと生活している人、子どもと生活したい人、そんな人を応援したい人 etc……セクシュアルマイノリティに理解のある方でしたら、どなたでも参加できます。
子ども連れでなくても、ウェルカム！

★会員募集

QWRC の運営は、主に会費によってまかなわれています。正会員と賛助会員があります。趣旨にご賛同いただき、ご協力いただけますよう、お願いいたします。

★所在地と連絡先

〒 530-0047 大阪府大阪市北区西天満 4-5-5 マーキス梅田 707 号室

・ホームページ　http://www.qwrc.org　・E メールアドレス　info@qwrc.org
・Facebook「QWRC」で検索してください。　・Twitter　@qwrcjp

QWRC <ruby>く<rt>く</rt></ruby><ruby>ぉ<rt>ぉ</rt></ruby><ruby>ー<rt>ー</rt></ruby><ruby>く<rt>く</rt></ruby> （NPO 法人 Queer&Women's Resource Center）

LGBT など多様な性を生きる人やその周辺にいる人と女性のためのリソースセンター。2003 年 4 月オープン。フェミニズムの視点を重視しながら、多様な性のあり方が当たり前に尊重される社会の実現をめざし、さまざまな人が集える場所の提供、イベントの開催、多様性をみとめ合う社会を実現するための講演活動や情報発信、電話相談などを実施している。くわしくは前頁を参照。

徳永桂子（とくなが・けいこ）

思春期保健相談士。神戸大学理学部、神戸大学大学院総合人間科学研究科（発達支援論講座　修士）卒業。性教育、ＣＡＰ、HIV/AIDS 予防啓発、デートＤＶ防止、びーらぶなど、「性・子ども・暴力防止」をキーワードに人権擁護活動をしている。著書に『からだノート～中学生の相談箱』（大月書店）、共著に『家族で語る性教育―私たちの出前講座』『なくそう！スクール・セクハラ―教師のためのワークショップ』（以上かもがわブックレット）、『新版　人間と性の教育シリーズ第 1 巻　性教育のあり方、展望』（大月書店）がある。

イラスト：西千鶴　　デザイン：松田志津子

LGBT なんでも聞いてみよう
中・高生が知りたいホントのところ

2016 年 8 月 2 日　第 1 刷印刷
2022 年 2 月 5 日　第 6 刷発行

著　　者　　QWRC ＆徳永桂子
発行者　　奥川　隆
発行所　　**子どもの未来社**
　　　　　〒 101-0052 東京都千代田区神田小川町 3-28-7-602
　　　　　TEL 03-3830-0027　FAX 03-3830-0028
　　　　　E-mail：co-mirai@f8.dion.ne.jp
　　　　　http://comirai.shop12.makeshop.jp/
振　　替　　00150-1-553485
印刷・製本　中央精版印刷株式会社

©2016　QWRC & Tokunaga Keiko Printed in Japan
＊乱丁・落丁の際はお取り替えいたします。
＊本書の全部または一部の無断での複写（コピー）・複製・転訳載および磁気または光記録媒体への入力等を禁じます。複写を希望される場合は、小社著作権管理部にご連絡ください。
ISBN978-4-86412-112-5　C0037　NDC370